Matthias
Willenbacher

Mein
unmoralisches
ANGEBOT
an die
KANZLERIN

Denn die ENERGIEWENDE darf nicht scheitern!

HERDER

© Verlag Herder GmbH, Freiburg im Breisgau 2013
Alle Rechte vorbehalten
www.herder.de

Umschlagmotiv: Carina Jahn, Wiesbaden (www.carina-jahn.de)

Umschlaggestaltung: Performers GmbH, Wiesbaden
Satz & Herstellung: Performers GmbH, Wiesbaden

Lektorat: Lars Jansen, Bad Berleburg (www.lektorat-jansen.de)

Gedruckt auf umweltfreundlichem, chlorfrei gebleichtem Papier

Printed in Germany

ISBN 978-3-451-30926-7

Das Buch im Internet:
www.mein-unmoralisches-Angebot.de

Widmung

Dieses Buch widme ich meinen Eltern. Sie haben mir die Kraft, den Willen und die Entschlossenheit gegeben, um meinen Weg gradlinig und konsequent gehen zu können. Sie haben mir die Werte vermittelt, die es mir möglich machen, mich für eine gute Sache mit voller Energie einzusetzen.

Umso trauriger macht mich der Gedanke – gerade beim Schreiben dieser Zeilen –, dass mein Vater das nicht mehr miterleben kann. Er war bis zu seinem Tode im Januar 2013 immer mit vollem Herzen dabei.

Ungleich schwerer ist das Leid für meine Mutter, denn sie hat nicht nur ihren Mann verloren. Vor vielen Jahren starben auch ihre beiden Töchter. Ich hoffe, ihr jetzt ein wenig von dem zurückgeben zu können, was sie mir Gutes gegeben hat.

Auch zwei weitere Menschen haben mich in den vergangenen Jahrzehnten unterstützt, begleitet und stehen fest an meiner Seite: mein Bruder Norbert sowie mein Partner und Freund Fred Jung. Ohne meinen Bruder hätte ich vieles nicht geschafft, und ohne das ju gäbe es das wi nicht …

Inhalt

Vorwort: Mein unmoralisches Angebot

Ich bin ein Bauernjunge und wuchs auf einem Hof in der Nordpfalz auf. Mein großes Lebensziel war es, Faulenzer zu werden. Heute bin ich Workaholic und leite ein Milliardenunternehmen mit Niederlassungen in vielen Ländern der Erde.

Ich bin sehr dankbar, dass es so gekommen ist und ich die Lebenserfahrung machen durfte, mich vom Bauernsohn zum Unternehmenschef zu entwickeln. Aber darum geht es mir nicht. Darüber würde ich kein Buch schreiben.

Ich habe vor achtzehn Jahren auf dem Bauernhof meiner Eltern ein Windrad gebaut. Daraus ist nicht nur ein großes Unternehmen im Bereich der Erneuerbaren Energien geworden, sondern für mich auch der Sinn meines Lebens – ich möchte, so viel ich kann, dazu beitragen, dass wir von einer dreckigen, abhängigen, umweltzerstörerischen und teuren Energieerzeugung zu einer sauberen und nachhaltigen wechseln.

Ich will mit diesem Buch aber nicht missionieren, ich will mich auch nicht als Gutmensch präsentieren. Ich will erzählen, was ich als Unternehmer und Bürger beim Ausbau der Erneuerbaren Energien erlebt und erfahren habe. Und ich will Informationen geben, mit deren Hilfe Menschen entscheiden können, wie sie künftig Energie produzieren wollen.

Ich persönlich bin sicher, dass der sofortige Umstieg auf 100 Prozent sauber und dezentral erzeugte Energie die beste Lösung für uns alle ist. Viele in der Politik schütteln darüber den Kopf und sagen, das könne gar nicht funktionieren.

Ich habe so viele Sachen erlebt, bei denen es hieß, das sei unmöglich und könne nicht funktionieren. Mein erstes Windrad: Ich war Student, brauchte dafür eine Million Mark, und alle warfen mir Knüppel zwischen die Beine. Mein Unternehmen: Ich war meine eigene Putzfrau und meine eigene Telefonzentrale – und heute haben wir 1.800 Mitarbeiter. Meine Erfahrungen mit der Politik: Jahrzehntelang hat man mir erzählt, dass Wind- und Sonnenstrom

ein Hirngespinst seien und überhaupt nicht gehen könnten.
Ich habe es trotzdem gemacht, gegen viele Widerstände – und es
geht eben doch. So etwas prägt. Ich bin überzeugt, dass wir bis
2020 vollständig auf Erneuerbare Energien umsteigen können und
dies nachhaltig, dezentral und preiswert. Das ist nicht unmöglich,
das können wir schaffen. Wenn alle mitmachen.
Aber es braucht eine, die vorangeht. Das ist unsere Kanzlerin.
Deshalb mache ich ihr ein unmoralisches Angebot.
Keine Angst, ich möchte ihr kein Geld anbieten. Aber ich bin bereit,
alles herzugeben, was ich aufgebaut habe.
Konkret: Ich werde alle meine Anteile an meinem Unternehmen
juwi verschenken, wenn Bundeskanzlerin Merkel die vollständige
Energiewende ohne Wenn und Aber umsetzt. Jetzt und hier.

Nun kann man sagen, dass sei „unmoralisch" – ein Scheinangebot,
weil es ja nicht wirklich geschehen könne. Aber genau darum geht
es mir: Es kann geschehen.
Die Kanzlerin kann sich der von ihr selbst so bezeichneten „größten
Herausforderung des 21. Jahrhunderts" tatsächlich stellen und mit
der deutschen Energiewende auch den globalen Kampf gegen die
drohende, teils schon eingetretene Klimakatastrophe voranbringen.
Die Bundesregierung kann alle Weichen in Richtung 100-prozentige
Energiewende stellen. Der Bundestag kann beschließen, dass wir
2020 Energie ausschließlich aus sauberen und dezentralen Energie-
quellen gewinnen. Und der Wirtschafts- und der Umweltminister können die Umsetzung voranbringen, statt sie – wie bisher – zu bremsen.
Die sofortige und vollständige Energiewende ist für alle dauerhaft
besser und kostengünstiger, wenn sie von uns Bürgern gemacht
wird, und damit die Abhängigkeit von den Großkonzernen beendet.
Wenn die Energieversorgung in Bürgerhand liegt, machen auch die
Gewinne nicht mehr wenige Unternehmen, sondern wir alle.
Wir alle werden zu Energiebürgern. Darum geht es.
Deshalb werde ich, wenn die Kanzlerin mein Angebot annimmt,
meine Unternehmensanteile an die über 500 in Deutschland existie-
renden Energiegenossenschaften verschenken. Denn sie sind die
Basis unserer künftigen Energieversorgung. Es gibt schon so viele
Energiebürger und Energiegenossenschaften, die an Wind- und
Solarprojekten beteiligt sind. Wenn alle diese Energiebürger mit mir
für die sofortige und vollständige Energiewende kämpfen und jeder
das auch in einem Brief an Kanzlerin Merkel kundtut, dann kann
mein Traum Wirklichkeit werden.

1

Die Energiewende scheitert. Was tun?

Die Nacht von Fukushima

In der Nacht des 12. auf den 13. März 2011 schlief ich nicht. Ich hing am Fernseher und am Smartphone. Las die Meldungen und wartete, was in Fukushima passierte. In der Folge des schwersten Erdbebens der jüngeren japanischen Geschichte und eines Tsunamis kam es dann am Samstag, 15:36 Uhr Ortszeit (07:36 Uhr MEZ), im Atomkraftwerk Fukushima-Daiichi zu einer Explosion, die mehrere Reaktorblöcke stark beschädigte. Das führte zu Kernschmelzen, in deren Folge radioaktive Strahlung austrat.

Ich spürte große Trauer. Was für ein dramatischer Schaden für die Menschen, die Natur und die japanische Gesellschaft. Und ich fragte mich: Was bedeutet das?

So groß die Trauer war, so wuchs doch in den Wochen nach dem Unglück die Hoffnung, dass die Menschheit diesmal daraus lernen und entscheidende Veränderungen einleiten würde.

Laut Werbung der Atomlobby ist ein Atomunglück nur alle 500.000 Jahre zu erwarten. Komisch nur, dass in Fukushima schon wieder ein Super – Gau passiert ist.

Gerade einmal viereinhalb Monate war es her, dass die schwarz-gelbe Merkel-Regierung den Ausstieg aus dem Atomausstieg beschlossen und die Laufzeiten der siebzehn deutschen Atomkraftwerke verlängert hatte. Das war eine Sternstunde der deutschen Atom- und- Kohlestromkonzerne gewesen. „Deutschlands dunkle Macht", wie *stern.de* damals schrieb, hatte gezeigt, wer wirklich in unserem Land das Sagen hatte. Wer wirklich die Politik bestimmte. Und wer willfährig zu Diensten war. Speziell seit die FDP in der Regierung saß.

Doch nun standen in diesem März 2011 Landtagswahlen bei uns in Rheinland-Pfalz und Baden-Württemberg an. Ich beobachtete in den Tagen nach der Katastrophe sehr genau, wie diese fürchterlichen Ereignisse im fernen Japan in den deutschen Medien und der deutschen Öffentlichkeit aufgenommen wurden. Es gab keine zwei Meinungen in der Gesellschaft, sondern nur noch eine: Sofort raus aus der Atomkraft! In der Union wurden sehr schnell auch die härtesten Befürworter der Atomkraft, die stets von einem vernachlässigbaren „Restrisiko" gesprochen hatten, zu erklärten Befürwortern des Ausstiegs. Nur der rheinland-pfälzische FDP-Politiker Rainer Brüderle, damals Wirtschaftsminister, scherte aus dem kollektiven öffentlichen Umdenken von Schwarz-Gelb aus und erklärte vor den Spitzen der deutschen Industrie – darunter den Chefs der Energiekonzerne Eon und RWE –, man habe großen Druck angesichts der Landtagswahlen und handele daher nicht immer rational, aber er sei selbstverständlich ein Befürworter der Kernenergie. Die FDP verlor die Landtagswahl in Rheinland-Pfalz krachend und flog aus dem Landtag, die Grünen kamen aus der außerparlamentarischen Opposition mit 15 Prozent in die Regierung. In Baden-Württemberg wurde nach 58 Jahren die Atompartei CDU mit ihrem Ministerpräsidenten Stefan Mappus abgewählt – und die Grünen stellten mit Winfried Kretschmann zum ersten Mal in der Geschichte einen Ministerpräsidenten.

Nachdem die Bundesregierung angesichts dieses überwältigenden Bürgervotums ihre Rücknahme des Atomausstiegs wieder rückgängig gemacht und das Ende der Atomkraft bis 2022 beschlossen hatte, herrschte der Eindruck vor, die Energiewende könne nun nicht mehr aufgehalten werden.

Wie die Aufbruchsstimmung verpuffte: Analyse der politischen Entwicklung

So traurig der Anlass war: Ich spürte auch Aufbruchsstimmung. Bürgermeister, Landräte und Energiegenossenschaften nahmen die salbungsvollen Worte der Politik als klares Signal, dass sie jetzt in Erneuerbare investieren sollten und könnten – und sie taten das dann auch. Das brachte eine enorme Bewegung in die Branche, viele Energieprojekte wurden gestartet. Ich erinnere mich, dass praktisch alle Leute zu mir dasselbe sagten. Sie sagten: „Hey, Matthias, es geht los. Jetzt beginnt die Energiewende wirklich, jetzt ist die Richtung endlich klar."

Und heute ist überhaupt nichts klar.

Heute stellt sich die Frage: Was kann man tun, um die Energiewende noch zu retten?

Die Sache kann dramatisch scheitern oder zu einer nie dagewesenen Erfolgsgeschichte werden – je nachdem, was die Politik macht und was wir als Gesellschaft wollen. Schon am ersten Jahrestag der Katastrophe hatte Ex-Umweltminister Klaus Töpfer beklagt, dass es Politik und Verwaltung im Gegensatz zu den Bürgern an Schwung fehle. Das ist vorsichtig formuliert. Im Grunde ist es unglaublich, wie schlecht die deutsche Politik das wichtigste Projekt der Gegenwart managt.

Merkels Atomausstieg stellt faktisch nur das wieder her, was die rot-grüne Regierung im Jahr 2000 beschlossen hatte und Union und FDP nach dem Regierungswechsel 2009 per Laufzeitverlängerung rückgängig gemacht hatten.

Das heißt: Einige der heute noch neun Atomkraftwerke sollen bis 2022 weiterlaufen. Dann muss der von ihnen erzeugte Strom vollständig von anderen Energieerzeugungsformen ersetzt werden. Aber der Atomausstieg ist nicht gleichbedeutend mit der Energiewende – und die Ziele beim Ausbau der Erneuerbaren Energien veränderte die Merkel-Regierung nicht. Es blieb bei der Vorgabe, ihren Anteil an der Stromerzeugung bis 2020 auf 35 Prozent zu erhöhen. Hinzugefügt wurde lediglich das Wörtchen „mindestens". Der Bundesverband Erneuerbare Energie ermittelte in einer Studie, dass auch 47 Prozent möglich seien. Dabei hatten Regierungspolitiker die Laufzeitverlängerung immer mit einer Studie begründet, die behauptete, der Ausbau der Erneuerbaren komme nicht schnell genug voran, weshalb Atomkraft als „Brücke" gebraucht werde. Wenn das nicht nur ein vorgeschobener Grund gewesen sein sollte, dann hätte man jetzt sagen müssen: Ohne diese Brücke müssen wir die Erneuerbaren jetzt schneller ausbauen. Man hätte also statt 35 Prozent auch 45 Prozent bis 2020 anpeilen können.

Hat man aber nicht.

Und die Energiewende von den Fossilen zu den Erneuerbaren soll weiter bis zur Mitte dieses Jahrhunderts dauern und auch dann nicht vollständig, sondern nur zu 80 Prozent vollzogen sein. Das ist wichtig zu wissen. Daran kann man ablesen, dass es in der Merkel-Regierung jenseits der großen Worte von Anfang an keine echte Überzeugung für das Projekt gab.

Politiker aller im Bundestag vertretenen Parteien behaupten, sie wollten die Energiewende. Und vielleicht stimmt das bei vielen sogar, auch in der derzeitigen Regierung. Doch ihnen fehlt der Wille, die Kraft und vielleicht auch die Kompetenz, die Energiewende wirklich voranzutreiben. Das ist der entscheidende Unterschied zu den wenigen, aber mächtigen Gegnern der Energiewende: Die sind wild entschlossen, sie zu verzögern – so lange, wie es irgend wie geht. Und sie haben das Geschäft des Ablenkens, Irritierens, Verängstigens, Verhinderns und Blockierens von der Pike auf gelernt. Das muss man fachlich anerkennen.

Ich habe es seit Mitte der Neunzigerjahre selbst erfahren müssen. Und das zeigen auch die Jahre seit Fukushima.

Die Strategien des alten Systems

Kaum war klar, dass der Atomausstieg – zumindest bis auf Weiteres – nicht mehr zu verhindern sein würde, wurden im Hintergrund die Fäden gezogen, um die Energiewende nichtsdestotrotz so lange wie möglich hinauszuzögern. Jenseits der Öffentlichkeit wurden Fakten geschaffen, damit Kohlekraftwerke in Deutschland noch bis weit über das Jahr 2050 hinaus laufen und so die Erwärmung des Planeten ungebremst befördern. Es ist ökonomisch nachvollziehbar, was die alten Großkonzerne tun. Das Problem ist, dass sie es nicht offen tun, sondern ständig hintenherum agieren und für die Rettung ihrer Milliardengewinne auch noch Bürgerinitiativen instrumentalisieren.

Um den Erhalt des fossilen Energieregimes der Konzerne in der Bevölkerung durchzusetzen, wird seit Jahren mit den immer gleichen Behauptungen gearbeitet:

1. Erneuerbarer Strom ist für den Verbraucher zu teuer.

2. Die deutsche Wirtschaft wird durch den Umbau abgehängt, weil sie durch den erneuerbaren Strom deutliche Nachteile im internationalen Wettbewerb hat.
3. Ohne Atomkraft und Kohle drohen Blackouts und Stromlücken.
4. Es fehlen Speicher, deshalb müssen wir noch warten, bis die Technologien so weit sind.
5. Ohne Offshore ist die Energiewende schon gar nicht zu schaffen.

Nach genau diesem Schema wurde in den Jahren seit Fukushima versucht, den Menschen so lange Angst einzujagen, bis sie irgendwann von selbst sagen: „Lassen wir lieber alles so, wie es ist." Das aber würde bedeuten, dass wir sehenden Auges auf Klimakatastrophen, Energiekriege sowie zusammenbrechende Wirtschaften und Gesellschaften zutaumeln – aus Angst vor sauberer Energie.
Stephan Kohler, Geschäftsführer der Deutschen Energie-Agentur (dena), hatte die angebliche „Stromlücke" bereits im Jahr 2009 ausgemacht. Im Sommer 2011, nach der Abschaltung von sieben Atomkraftwerken, sahen nun viele vermeintliche Experten schlimme Stromlücken und Blackouts auf uns zukommen. Es kamen aber keine. Deshalb wechselte man die Strategie und versuchte es Anfang 2012 mit einem neuen Argument: Nun hieß es, die Falle der AKW-Stilllegungen sei, dass man dadurch mehr Kohle brauche und neue Kohlekraftwerke bauen müsse, was dem Klima mehr schade als die Atomkraftwerke. Die abgeschalteten Atomkraftwerke waren aber durch den schnellen Ausbau der Erneuerbaren locker kompensiert worden. Als die Drohung mit einer „Stromlücke" deshalb auch nicht verfing, kam man mit dem Argument, dass ein schneller Ausbau der Erneuerbaren den Strom zu teuer mache. Das ist der Stand heute.

Die Kritik an der EEG-Umlage

„Strompreisbremse" nannte Umweltminister Peter Altmaier (CDU) seinen Versuch, den Ausbau der Erneuerbaren zu bremsen zugunsten von angeblich „billigem" Kohlestrom. Es wurde ein Etikett auf das Erneuerbare-Energien-Gesetz geklebt, auf dem steht: Das ist der Preis für die Energiewende! Und seither wird diskutiert, ob Bürger und Unternehmen es sich leisten können, diese EEG-Umlage zu bezahlen. Dass die Strompreise längst nicht nur wegen des EEG steigen, versucht die Politik zu verschleiern. Altmaiers erklärte Absicht, die EEG-Umlage zu deckeln oder festzuschreiben, kann gar nicht gelingen. Die Preise für die Abnahme von Ökostrom sind zwar gesetzlich geregelt, der Börsenpreis aber nicht. Sinkt der Börsenpreis, steigt automatisch die EEG-Umlage. Da aber der Ökostrom zum gleichen Preis wie vorher geliefert wird, müsste der Endverbraucherpreis eigentlich auch fallen.

Das tut er aber nicht. Und genau da liegt der Fehler. Die Konzerne geben die Einsparung nicht weiter – sie verdienen daran. Und der normale Haushaltskunde subventioniert die vier großen Stromkonzerne und die mehr oder minder energieintensive Industrie. Die EEG-Umlage ergibt sich dabei aus einem festen Einspeisetarif und dem aktuellen Börsenpreis. Der Einspeisetarif ist der Preis, bei dem man annimmt, dass es sich für einen Betreiber wirtschaftlich noch rechnet. Davon wird der Börsenpreis abgezogen.

Ich stelle in diesem Buch die Frage: Ist das überhaupt das richtige Preisschild? Und selbst wenn dem so wäre: Darf man davon den weiteren Ausbau der Erneuerbaren Energien abhängig machen?

Wenn man sich diese Mehrkosten genau betrachtet, stellt sich zudem eine weitere Frage: Wie relevant sind sie überhaupt für die Bürger und ihren Lebensstandard? Konkret: Wenn eine Familie 4.000 Kilowattstunden Strom im Jahr verbraucht, kostet das etwa 1.000 Euro. Für Heizen und Autofahren gibt so ein Durchschnittshaushalt je das Doppelte aus. Die Familie wendet also insgesamt 5.000 Euro für Strom, Wärme und Mobilität auf. Die EEG-Umlage macht davon etwa 200 Euro aus – das sind gerade einmal 4 Prozent und entspricht zweimal Volltanken.

Wenn man es also ökonomisch betrachtet, kann das nicht das entscheidende Problem sein. Ich werde daher der Frage nachgehen, warum so ausführlich und emotional über den Strompreis diskutiert wird, wenn die wahre Frage doch ist, was man von den anderen 4.800 Euro einsparen könnte, denn das ist der viel größere Hebel. Selbstverständlich gibt es Familien, denen 50 Euro Mehrkosten sehr weh tun. Aber auch die haben ein ungleich größeres Problem mit einem steigenden Öl- oder Gaspreis.

Die FDP und der Hartz-IV-Empfänger

Es ist interessant, dass die Klientelpartei FDP gerade in der Frage des Strompreises verbal den Hartz-IV-Empfänger entdeckt hat, der ja nicht unbedingt zur klassischen Wählerschaft dieser Partei gehört – im Gegensatz zur energieintensiven Industrie, für die man faktisch etwas getan hat, ohne viel darüber zu sprechen: Man hat in der laufenden Legislaturperiode viele weitere Firmen von der

EEG-Umlage ausgenommen. Das hat entscheidend dazu geführt, dass die Kosten für die Bürger gestiegen sind. Die Ausnahmen waren ursprünglich nur für Unternehmen gedacht, die im internationalen Wettbewerb stehen. Warum dann auch der Deutsche Wetterdienst und die Braunkohleförderung von der Umlage befreit sind? Die riesigen elektrischen Braunkohlebagger haben einen Stromverbrauch einer Kleinstadt und müssen keine Umlage bezahlen, was dreifach problematisch ist – weil sie erstens Landschaft und Klima zerstören, zweitens dann auch noch von den Entwicklungskosten sauberer Energie befreit werden und drittens damit keinen Grund haben, durch Energieeffizienzmaßnahmen Strom einzusparen. Warum diese Industrie subventioniert werden soll, erschließt sich mir nicht. Schon gar nicht verstehe ich, warum das der Hartz-IV-Empfänger übernehmen muss, um den man sich doch angeblich so sorgt.

Warum bringt die FDP die Energiewende so gar nicht voran? Zum einen macht sie ein Angebot für die Wähler, denen die Energiewende komplett gegen den Strich geht. Zum anderen: Das wirkliche Problem im Energiesektor und bei den Haushaltskosten der Bürger ist ja der steigende Ölpreis, der Heizen und Autofahren verteuert und auch für Strompreiserhöhungen der vergangenen Jahre verantwortlich war. Das aber kann die FDP nicht verhindern, denn das ist der Markt. Eine staatliche Rahmenpolitik dagegen kann sie brandmarken. Also wettert sie gegen „energiepolitische Planwirtschaft". Und macht sich damit zum Sprachrohr der alten Energiekonzerne.

Warum gelten Kohlekraftwerke als wirtschaftlich?

Warum sind die Kohlekraftwerke der Energiekonzerne derzeit „wirtschaftlich"? Weil ihre Lobbyisten in Brüssel verhindert haben, dass der Handel mit CO_2-Zertifikaten tatsächlich funktioniert, und deshalb die enormen Schäden der Kohlestromproduktion immer noch nicht eingepreist sind. Das wiederum verhindert, dass für die Energiewende unabdingbare flexible Gaskraftwerke auf den Markt kommen können, weil sie dann zu teuer sind. Auch die sogenannte „Strompreisbremse" ist nichts anderes als der Versuch, Bürgerenergie zugunsten der Konzerne auszubremsen. Altmaier hofft, damit im Wahlkampf zu punkten, aber letztlich befördert er so die Bedürfnisse der Großkonzerne und nicht die Energiewende. Das sind gegenteilige Interessen.

Die Erneuerbaren auszubremsen ist so, als hätte man nach der Erfindung des Computers gesagt, dass man in einer Phase des Übergangs noch mit Schreibmaschinen weitermache, bevor man dann vollständig auf Computer umstellen könne. Oder dass man noch 30 Jahre mit Rauchzeichen kommunizieren müsse, bevor man vollständig auf das Telefon umsteigen könne. Oder dann in den Neunzigern vom stationären Telefon auf das Handy. Das Telefonieren mit Mobiltelefonen ist innerhalb weniger Jahre deutlich billiger geworden – und gleichzeitig hat sich die Technologie enorm verbessert. Das Gleiche wird auch bei den Erneuerbaren Energien geschehen. Es ist ja zu einem großen Teil bereits geschehen. Doch davon spricht kaum jemand. Hier kann man als Beispiel die Photovoltaik nennen, mit der man eine große technische Entwicklung vollzog und bemerkenswerte Kostenreduzierungen erreichte. Und dann die schwarz-gelbe Regierung im Jahre 2011 und insbesondere im Jahre 2012 die Einspeisevergütung drastisch reduzierte, das Image der Branche ruinierte und damit de facto den Weltmarkt aufgab.

Woher kommt die Begeisterung für Windkraft auf See?

Es gibt allerdings einen Bereich, in dem sich auch die üblichen Blockierer für den Ausbau regenerativer Energien aussprechen. Das ist der Bereich Offshore-Wind. Statt Erneuerbare dezentral und schnell dort auszubauen, wo der Strom gebraucht wird, sollen riesige, investitionsintensive Offshore-Windparks im Norden, weit weg vom Verbraucher, den Strom für die Industrie im Süden produzieren. Dieser soll über Hochspannungsleitungen, die erst noch mit hohem Zeit- und Kostenaufwand gebaut werden müssen, durch das ganze Land transportiert werden. Das Ergebnis: Die Energiewende wird deutlich verzögert. Und teurer als nötig.

Als man anfing, Offshore-Parks zu planen, ging man davon aus, dass es nicht genügend Onshore-Wind geben werde und dass Strom aus Seewind günstig sei. Das ist längst widerlegt. Aber warum will man dann immer noch teuren Offshore-Strom, wenn man ihn Onshore wesentlich billiger haben kann? Weil Offshore der Bereich ist, in dem die großen Energiekonzerne in ihren alten Großkraftwerksstrukturen und mit hoher Förderung durch den Staat ihre Geschäfte weiterhin unter sich ausmachen können. Und damit weiterhin Milliardengewinne einfahren. Bürger haben hierzu keinen Zugang, sie können sich in keiner Weise beteiligen und in keiner Weise profitieren. Die Energiewende funktioniert jedoch anders, sie funktioniert von unten, sie funktioniert dadurch, dass kleine und mittlere Anbieter, dass Kommunen und Genossenschaften in Erneuerbare investieren – und dabei handelt es sich eben nicht um Großkraftwerke, sondern um kleine und mittlere Anlagen.

Die Bundestagswahl und die Energiewende

Dass die Energiewende richtig umgesetzt wird, ist wichtig – sozusagen überlebenswichtig. Es geht um nicht weniger als ein lebenswertes Leben auf dieser Erde – jetzt und für kommende Generationen. Wirkliche Entscheidungen und Verpflichtungen werden von der Weltgemeinschaft stets auf die kommenden Jahre verschoben. Umso wichtiger ist es also, dass die Bürger die Sache selbst in die Hand nehmen. Und die haben 2013 die Wahl. Denn auch die Bundestagswahl entscheidet darüber, wie der Ausbau der Erneuerbaren Energien in Zukunft gestaltet wird. Es ist von zentraler Bedeutung, wofür Parteien und Kandidaten stehen: Ob sie für ein zentralistisches Energiesystem eintreten oder für ein dezentrales, an dem die Bürger partizipieren und von dem sie profitieren.
Durch die permanenten Angstszenarien der Blockierer ist „Energiewende" für manche Menschen mittlerweile ein negatives Wort geworden. Es muss wieder deutlich werden, dass die Energiewende ein Versprechen ist – und ein Weg in eine bessere Zukunft.

"The Energiewende" – die Welt schaut auf Deutschland

Der Begriff Energiewende wurde erstmals 1980 in einer Studie des Freiburger Öko-Instituts verwendet und zirkulierte dann viele Jahre nur in Expertenkreisen.
Inzwischen meint Energiewende längst nicht mehr nur den Atomausstieg oder den Umbau der Stromwirtschaft. Energiewende bedeutet zunächst die Rohstoffwende in der Versorgung der Bereiche Strom, Wärme und Mobilität, weg von den fossilen Brennstoffen Öl, Kohle, Gas sowie Uran und hin zu nachhaltigen, Erneuerbaren Energien. Das sind Wind- und Sonnenenergie, aber auch Biomasse, Wasserkraft, Geothermie.
Aber Energiewende ist eben nicht nur eine technologische oder wirtschaftliche Entwicklung. Sie ist vor allem eine soziale, kulturelle und im Grunde auch humanistische Weiterentwicklung der Gesellschaft.

Heute ist Energiewende ein Wort, das in der ganzen Welt verwendet wird – und zwar als sogenannter Germanismus, also unübersetzt: "The Energiewende". Weil tatsächlich die ganze Welt auf Deutschland schaut und darauf, ob wir die Energiewende hinbekommen. Ob wir es wollen oder nicht: Wir haben die Verpflichtung, ein positives Vorbild zu sein und nicht ein irregeleiteter Vorreiter, von dem die anderen am Ende sagen: Das ist ja wohl nichts mit der Energiewende. Also lassen wir es lieber bleiben.

Deutschland ist das Labor des Planeten. Wir können beweisen, dass der Umbau einer Industriegesellschaft und einer Volkswirtschaft hin zu Erneuerbaren Energien Gewinn bringt – sozialen, ökologischen und vor allem auch ökonomischen.

Die Verhinderer in den Konzernen haben ebenso wie viele derzeitige Regierungspolitiker aus der Energiewende eine Drohung gemacht. Mit dieser Drohung gehen sie seit zwei Jahren hausieren und sie geht so: Wenn wir aufhören, mit Kohle den Planeten aufzuheizen und uns nicht mehr der Gefahr von Atomkatastrophen wie Tschernobyl und Fukushima aussetzen, dann droht uns eine furchtbare Zukunft: Der Strom wird teurer, unsere Wirtschaft bricht zusammen und wir müssen zurück in die Höhlen.

Aus meiner Sicht ist es genau andersherum: Nur durch die Energiewende kann künftig der notwendige Strom bei weniger und teurer werdenden fossilen Rohstoffen produziert werden und bezahlbar bleiben. Nur durch die Energiewende kann unsere Wirtschaft in ein neues goldenes Zeitalter eintreten, können wir den Wohlstand erhalten, den wir heute genießen. Nur durch die Energiewende können wir unseren Kindern und Enkeln eine Zukunft hinterlassen, in der es ihnen nicht schlechter geht als uns heute.

Energiewende ist keine Drohung. Energiewende ist ein Wort, das ein großes Versprechen beinhaltet. Dieses Versprechen wird in vielen Kommunen, Landkreisen und Energiegenossenschaften längst gelebt. Es funktioniert. Man muss nur hinschauen.

Das Problem und seine Lösung – in drei Sätzen

Wir brauchen eine Gesellschaft, die die Energiewende mit großer Mehrheit trägt, um den Einflüsterungen und Drohungen der Blockierer jetzt widerstehen zu können. Wir brauchen positive Emotionen, um dieses Versprechen mit Leben zu füllen.

Unsere Gesellschaft und unser Wohlstand gründen sich auf scheinbar billigen fossilen Brennstoffen – ohne Rücksicht auf die Folgen.

Das konnte man eine bestimmte Zeit so machen und jetzt kann man es nicht mehr.

Warum das so ist, dafür reichen zwei Sätze: Fossile Brennstoffe sind endlich und werden immer teurer. Fossile Brennstoffe verursachen und verschlimmern den Treibhauseffekt.

Was tun?

Dafür reicht sogar ein Satz: Erneuerbare Energien sind die Lösung für beide Probleme.

Um zum Ziel zu kommen, sind auf diesem Weg sicherlich noch diverse Herausforderungen zu bewältigen. Aber es geht vor allem darum, dass die Bürger sich für oder gegen bestimmte Dinge entscheiden und dass nicht ohne sie entschieden wird – etwa bei der Frage, ob und wozu wir riesige Stromtrassen brauchen. Je dezentraler die Energiewende und je mehr sie eine Sache der Bürger ist, desto weniger große Hochspannungsleitungen werden gebraucht.

Ich werde in diesem Buch ausführlich auf die Argumente der Gegner einer entschiedenen Energiewende eingehen. Ob etwa die Erneuerbaren zu schnell wachsen. Und wie es sich mit der Aufregung um den Strompreis und die soziale Gerechtigkeit verhält. Ob die Energiewende den Strompreis hochtreibt, ob sie den Wirtschaftsstandort gefährdet und deindustrialisierend wirkt. Ob der Strom wegen der Erneuerbaren ausfallen wird. Ich werde detailliert herausarbeiten, wie eine 100-prozentige Energiewende funktionieren kann. Ich werde skizzieren, wie die Zukunft aussehen könnte, wie sie mit Sonne und Wind global gerechter und besser sein wird – und vor allem, wie wir als Gesellschaft dahin kommen.

Die Energiewende oder Chicorée

Im letzten Jahr habe ich eine Erfahrung gemacht, die sich nicht wesentlich von dem unterscheidet, was ich in den anderthalb Jahrzehnten davor erlebt habe: Es ist schwierig, mit bestimmten Politikern über die Transformation der Energielandschaft zu sprechen.

Anfang 2013 begleitete ich als Vertreter des Wirtschaftsbereichs Erneuerbare Energien die Chile-Reise von Bundeskanzlerin Angela Merkel.

Auf dem Rückflug von Chile nach Deutschland wollte Frau Merkel noch ein Glas Wein mit uns sechs Wirtschaftsvertretern trinken. Sie sprach dabei über Argentiniens Präsidentin Kirchner, Kubas Raul Castro, und plauderte auch über Boliviens Präsident Evo Morales.

Wir waren zu dem Zeitpunkt erst zwei Stunden unterwegs und hatten bestimmt noch 13 Stunden zu fliegen. Zeit war also genug, und so wollte ich die Chance nutzen, um mit ihr auch über die Energiewende zu sprechen.

Sie hatte vor der Chile-Reise ein Plädoyer für Windkraft im Norden gehalten und das wollte ich mit ihr diskutieren. Ich sagte also zu Frau Merkel: „Könnten wir vielleicht noch ein paar Minuten über die Energiewende sprechen, ich habe da einige Fragen und auch ein paar Ideen?"

Sie sah mich an und sagte nur: „Schreiben Sie mir einen Brief."

Ich würde lügen, wenn ich nicht zugeben würde, dass ich doch etwas irritiert und enttäuscht war, als wir dann wieder auf unsere Plätze zurückgingen. Neben mir saß ein Vertreter des Unternehmens Südzucker. Wie alle anderen hatte Merkel auch ihn gefragt, was er in Chile mache. Er sagte, sein Unternehmen pflanze Chicorée an, um daraus Fruchtzucker zu machen.

Plötzlich sah ich, wie Merkel den Gang herunter auf mich zukam. Sie stoppte tatsächlich an meinem Platz. Ich dachte: Das ist ja schön, sie hat es sich überlegt und will mit mir doch über die Energiewende sprechen. Aber sie beugte sich über mich hinüber und sagte zu dem Mann von Südzucker, dass sie demnächst mal Chicorée zubereiten wolle und ob er nicht ein paar Tipps hätte.

Da dachte ich: Okay. Sie hat andere Prioritäten.

Die Kanzlerin, über mich gebeugt und die Zubereitung von Chicorée diskutierend – und in meinem Kopf hörte ich in einer Endlosschleife ihren Satz: „Schreiben Sie mir einen Brief".

Das war der Moment, in dem ich entschied: Ja, ich schreibe.

Aber ich schreibe ein Buch.

Ich habe keine Ahnung, ob es gut oder schlecht ist, dass ich diese Episode aus der Kanzlermaschine öffentlich mache. Vielleicht werde ich nicht mehr eingeladen. Vielleicht schade ich damit meiner Firma. Mir ist aber das Anliegen einfach zu wichtig, um meine Erfahrungen nicht weiterzugeben.

Denn die Energiewende darf nicht scheitern. Nicht an der Politik und vor allem nicht an den Erlösinteressen einiger weniger Großkonzerne. Wir stehen tatsächlich an einem Scheideweg. Wir können den Weg der Umweltgefahren und Preisexplosionen nehmen. Oder den sicheren, unabhängigen, nachhaltigen und bezahlbaren Weg.

Die Energieproduktion muss eine öffentliche Sache werden, sie darf nicht mehr das Privatgeschäft weniger Unternehmen sein. Es gibt selbst Grünen-Politiker, die sagen, dass wir beides brauchen – die Konzerne und die Bürger. Das ist harmonisch gedacht, aber praktisch nicht möglich. Es gibt keine Zukunft für beide Systeme, für das alte System der Kohlekonzerne und das neue der Bürger. Es gibt nur ein Entweder-oder.

Wir brauchen ein neues Zeitalter der Partizipation und der Demokratie.

Wir brauchen eine Energiewende der Bürger.

Und zwar jetzt.

2

Das erste Windrad

Wie ein Zeitungsartikel mein Leben entschied

Ich kann mir bis heute nicht genau erklären, warum ein Zeitungsartikel mein Leben entschied. Der Artikel stand nicht mal auf der ersten Seite, sondern irgendwo auf einer der hinteren Seiten der Regionalzeitung. Und ich las ihn nur, weil ich in einem Krankenhausbett lag, mich langweilte und nicht wusste, was ich sonst noch machen sollte.

Aber vielleicht sollte ich die Geschichte mit dem Anfang beginnen. Nicht mit meiner Geburt am 14. Juli 1969, aber damit, dass ich auf einem Bauernhof im Pfälzer Bergland aufgewachsen bin. In der ARD-Krimireihe „Tatort" wurde die Region auch mal „Pfälzisch Sibirien" genannt. Der Weiler heißt Schneebergerhof und liegt knapp 60 Kilometer südwestlich von Mainz. Damals hatte der Ort 80 Einwohner, heute hat er nur noch die Hälfte. Meine Eltern Hans und Irene Willenbacher waren Vollzeitbauern. Ich habe noch einen fast zehn Jahre älteren Bruder. Norbert ist heute Physik-Professor an der Universität Karlsruhe. Die wichtigste Bezugsperson meiner frühen Jahre war allerdings meine Schwester. Sie starb bei einem Verkehrsunfall, als ich elf war.

Als mein Bruder mit Mitte zwanzig heiratete, war nur noch ich da, um meinen Eltern bei der Arbeit zu helfen. Wir hatten 20 Kühe, das war nicht wenig damals, die kleinen Bauern hatten drei oder vier. Einige wenige hatten 50. Außerdem hatten wir 60 Schweine, ein paar Hühner, Katzen und Mäuse.

Das hieß, dass meine Eltern 365 Tage im Jahr im Stall waren. Ich musste nach den Hausaufgaben regelmäßig auf dem Hof arbeiten, in den Schulferien oft sogar von morgens bis abends. Winterferien, Osterferien, Sommerferien, Herbstferien – ich hatte selten frei. Ich weiß, dass ich zwischen meinem elften und dreizehnten Lebensjahr auf Kinderfreizeiten in Österreich war. Urlaub mit den Eltern gab es dagegen nie. In den Sommerferien ging die Arbeit meistens morgens um sechs Uhr los und hörte erst gegen Mitternacht wieder auf. Da lernte ich, was es heißt, immer verfügbar sein zu müssen. Immer da zu sein, immer zu arbeiten. Bald hatte ich beim Stallausmisten, Rübenhacken oder Traktorfahren einen stetig wiederkehrenden Gedanken: Das tust du dir später auf keinen Fall an. Meine Eltern wollten, dass einer von uns Söhnen den Hof übernimmt. Mir war früh klar, dass ich das nicht wollte.

Den Einschulungstest habe ich zweimal gemacht, beim ersten Mal war mir das Ganze irgendwie zu langweilig. Als ich den Test dann bestand, sagte die Lehrerin zu meiner Mutter: „Ihr älterer Sohn war ein sehr guter Schüler, Ihre Tochter war eine gute Schülerin – und Ihr Kleinster? Naja, in jeder Familie kann's ja mal ein schwarzes Schaf geben." Den Spruch habe ich mir sogar als Fünfjähriger merken können. Mein Bruder war auf dem Gymnasium und dort immer Klassenbester. Das habe ich nicht geschafft, aber ich war dann doch ein ganz guter Schüler, vor allem in den wissenschaftlichen Fächern, in Mathematik und Physik. Dennoch verlief meine Schulzeit nicht ideal. Die Grundschulzeit war – soweit ich mich erinnere – ganz gut, das Gymnasium weniger. Dass ich als Bauernsohn Abitur machen wollte, war für meine Eltern in Ordnung. Aber ich besuchte dann nicht das Gymnasium, auf das die anderen aus meiner Grundschulklasse gingen, sondern das Nordpfalzgymnasium in Kirchheimbolanden. Dort hatten mein Bruder und meine Cousinen Abitur gemacht. Deshalb ging ich eben auch dahin. Mit zehn hat man ja nicht so den Überblick. Im Gymnasium in Winnweiler waren tendenziell eher Kinder wie ich, die kamen auch aus Bauernfamilien. In meinem Gymnasium waren eher Angestellten-, Beamten- und Akademikerkinder. Als einer der wenigen Bauernbuben war es nicht optimal. Zudem war ich fast ein Jahr jünger als die meisten anderen und der Kleinste in der Klasse. Und dann trug ich auch noch handgestrickte Pullis und hatte einen Topfschnitt. Damit war ich die ersten Jahre der Außenseiter in meiner Klasse. Erst als ich von der Körpergröße einigermaßen in der Mitte war, wurde es besser. Aber echte Freundschaften entstanden nicht. Nach dem Abitur verlor ich schnell den Kontakt zu meinen Mitschülern.

In der Anfangszeit fuhr der Schulbus um kurz nach sechs Uhr. Die Schule war eigentlich nur 18 Kilometer entfernt, aber der Bus fuhr eine längere Route und man musste einmal umsteigen. So war ich morgens fast zwei Stunden und am Nachmittag noch einmal etwa anderthalb Stunden unterwegs. Um kurz vor sechs musste ich also aufstehen. In den Ferien war es nicht viel besser. Wenn die anderen um zehn langsam aufstanden, hatte ich schon zwei, drei Stunden gearbeitet. Insgesamt kam ich so auf rund 50 bis 60 Arbeitsstunden in der Woche. Für mich war das normal.

Endlich Freizeit: Studium in Mainz

Als ich vom Schneebergerhof für ein Diplomstudium der Physik in das 60 Kilometer entfernte Mainz – quasi in die große Welt – gezogen war, war das Erste, was ich von meinen Dozenten hörte: „Matthias, sprich doch bitte mal Hochdeutsch."
Ich dachte: Was?
Aber auch die Kommilitonen an der Johannes Gutenberg-Universität sagten: „Wie bitte? Ich verstehe dich nicht."
Ich passte mich dann sprachlich sehr schnell an, denn ich wollte nicht wieder ein Außenseiter sein. Es klingt vielleicht seltsam, aber ich musste mich in Mainz auch erst einmal daran gewöhnen, dass ich morgens aufstehen konnte, wann ich wollte. Ich musste regelrecht lernen, liegen zu bleiben, wenn ich nachts auf einer Party war. Das gab sich dann aber schnell.
1991 hatte ich fast ein halbes Jahr frei. Ich war Mitte Juni fertig mit dem Semester, ging ins Schwimmbad und reiste mit Freunden per InterRail durch Europa. Als ich Ende September zurückkam, platzte mein Ferienjob an der Uni, weil der Professor plötzlich gestorben war. Es war die längste freie Phase meines Lebens und ist es bis heute geblieben. Ich war trotzdem im Sommer 1993 der Erste meines Semesters, der sein Studium abschloss. Da war ich gerade 24 geworden.
Der nächste Schritt war eine Promotionsstelle. Allerdings fand ich Physik inzwischen uninteressant. Ich hatte zwar ein gewisses Talent dafür, aber die Arbeit erschien mir sehr theoretisch, und für mich war schwer vorstellbar, damit etwas Konkretes anfangen zu können. Heute weiß ich, dass ich das Fach nur gewählt habe, weil mein Bruder auch Physik studiert hatte. Ende 1991 fing ich zusätzlich ein Sport- und Mathematikstudium an, um etwas zu machen, das mir mehr Spaß bereitete. Zuerst war es tatsächlich einfach nur eine

weitere Option für etwas, das ich später mal machen könnte. Noch war die eigene Schulzeit zu nah und der Abschluss weit weg. Auch als ich mich später immer mehr damit anfreunden konnte, Lehrer zu werden, ging ich nicht davon aus, dass ich als Sportlehrer meine Erfüllung finden würde. Meine Idee war, als Lehrer möglichst wenig arbeiten zu müssen und möglichst viel Freizeit zu haben. Das, was ich als dauerarbeitendes Bauernkind erlebt hatte, wollte ich nicht noch einmal haben. Inzwischen hatte ich zudem begonnen, mir einen Computerladen aufzubauen.

Ich bekam von meinen Eltern kein Geld, ich bekam auch kein BAföG, ich musste mir mein Studium selbst verdienen. Ich brauchte nicht viel, ich war sehr genügsam. Am teuersten war im Grunde mein Auto. Das hat mich damals monatlich 200 Mark gekostet. Mein erstes Zimmer kostete 180 Mark. Doch die Wohnsituation in Mainz war auch damals schon schwierig. In meinem ersten Semester hatte ich auf acht Quadratmetern gewohnt, mit Toilette auf dem Gang. Die Wirtin kam oft unangemeldet in mein Zimmer, sie hatte ja einen Schlüssel. Morgens stand sie manchmal plötzlich neben meinem Bett. Im Verlauf des Studiums steigerte ich meine Quadratmeterzahl langsam: erst auf zehn Quadratmeter, dann auf zwölf, und schließlich auf achtzehn. Da lebte ich in einer Art privater Wohnheim-WG in Mainz-Bretzenheim. Küche und Toilette neben dem Hof im Erdgeschoss sowie Dusche und WG-Telefon im ersten Stock. Das WG-Telefon war etwas nervig, da einige Frauen doch gerne mal zwei, drei Stunden telefonierten. Immerhin wohnte ich dort etwa drei Jahre bis zum Ende des Physikstudiums.
Das war eine sehr schöne Zeit, in der ich Menschen kennengelernt habe, die mir bis heute geblieben sind. Etwa eine Englisch- und Französisch-Studentin, die heute mit ihren Schülern einmal im Jahr ihren ehemaligen Mitbewohner in dessen Firma juwi besucht. Oder einen angehenden Berufsschullehrer. Er hieß Axel und war eine Art „Herbergsvater", denn er hatte bereits acht Jahre mit wechselnden Studienfächern in der WG zugebracht und konnte den Jüngeren einiges erzählen. Er spielte später in meinem Leben eine wichtige Rolle. Einen Tag vor der Abgabe meiner Diplomarbeit kam Axel mit einer Schreckensnachricht zu mir. Seine Freundin hatte ihn verlassen. Doch nicht einfach nur so. Sie hatte ihn vor die Tür gesetzt – die Tür des gemeinsam über Jahre gebauten Hauses. Und sie setzte noch einen drauf. Ihr Neuer durfte einen Tag darauf einziehen. Damit er seinen Frust nicht allein runterspülen musste, trank ich mit ihm viel-

leicht sieben oder acht Bier, und zu jedem Bier noch einen Kurzen. Als wir die Gaststätte verließen, ließ ich mir alles nochmal durch den Kopf gehen. So war ich am nächsten Tag, im Gegensatz zu Axel, wieder richtig fit. Und der Professor war zufrieden.

Durchstart als Unternehmer

Mein Studium war geprägt von einer langen Phase der Unentschlossenheit. Ich wusste jahrelang nicht genau, was ich machen wollte, und probierte viel aus. Im Endeffekt ging es mir wohl darum, meinen Sinn des Lebens zu finden. Das weiß ich heute. Ich musste während des Studiums Geld verdienen und übernahm daher diverse Ferienjobs. In dieser Zeit habe ich viel über das Arbeiten gelernt. Der erste Job war hart – beim Elektriker Schlitze klopfen, Löcher in Beton bohren, Strippen ziehen und das für neun Mark die Stunde. Das war viel Arbeit für wenig Geld. Da war das nächste Angebot deutlich besser: 13,50 Mark und verordnetes „Langsam-Arbeiten" beim Werkstoffkonzern Dyckerhoff. Als ich dort anfing, den Hof zu kehren, wurde ich von den Festangestellten sofort angeschnauzt. „Hey Junge, so geht das nicht."
„Wieso? Ich kann das doch gut, das habe ich jahrelang auf dem Bauernhof geübt!" „Hier ticken die Uhren aber anders. Wenn du hier loslegst wie die Feuerwehr, müssen wir alle morgen auch so schnell schaffen. Also halt dich gefälligst zurück!"
Anfang der Neunzigerjahre – mit Anfang 20 – gründete ich dann mein erstes Unternehmen. Ich stieg in die damals aufkommende Computerbranche ein. Selbstverständlich gab es Computer in den Läden zu kaufen, aber sie waren meist nicht individuell konfigurierbar. Also baute ich Computer nach den Wünschen und Bedürfnissen meiner Kunden zusammen. Ich baute ihnen zum Beispiel mehr Speicher ein oder eine besondere Grafikkarte – solche Dinge eben. Da konnte ich gutes Geld verdienen und es machte mir Spaß. Ich verkaufte zehn bis fünfzehn Geräte im Jahr, was mein Studium entscheidend mitfinanzierte, mir aber auch die eine oder andere schlaflose Nacht bereitete. Es war mir sehr wichtig, den Auslieferungstermin einzuhalten und das Gerät dann auch in einem Top-Zustand auszuliefern. Ich hatte damals schon den Ehrgeiz, das optimale Ergebnis zu erzielen.
Irgendwann entschied ich mich dazu, in Mainz zu promovieren. Erstens war das eine halbe BAT 13A-Stelle, also eine Stelle im höheren Dienst. Und zweitens konnte ich damit gleichzeitig das Sportstudium

und den Computerladen in Mainz weiterführen. Ich arbeitete morgens an den Versuchen meines Promotionsthemas „Die elektrische Messung an zweidimensionalen glasartigen Adsorbitfilmen". Da ging es um Festkörperphysik. Ich forschte bei minus 200 bis etwa minus 270 Grad. Sehr langweilig. Danach ging ich zum Sportkurs, dann wieder zurück zu meinem Versuch, dann weiter zum nächsten Kurs.

Letztlich wusste ich nicht, was ich wirklich wollte. Aber ich wusste immerhin, was ich nicht wollte: Physiker werden. Ich wollte nicht, dass das ganze Leben aus Arbeit bestand. Hätte ich damals in meinen Computerladen investiert, hätte ich viel Geld verdienen können – denn es war genau die richtige Zeit dafür. Aber nichts in mir strebte danach, rund um die Uhr als Computer-Unternehmer tätig zu sein. Für mich war nur eines klar: Ich wollte keine Geldsorgen haben. So wie mein Vater, der immer darum ringen musste, dass wir im nächsten Jahr genug Geld hatten. Geld für Anschaffungen, Geld für uns Kinder und Geld, um für das Alter etwas zurückzulegen. Das wollte ich nicht. Da war die Vorstellung verlockender, ein entspannter Sport- und Mathelehrer zu werden.

Dann kam der 25. März 1995. Eine Woche vor den letzten praktischen Sportprüfungen zog ich mir meinen ersten Kreuzbandriss zu. Am Tag nach einer langen Partynacht hatte ich ein Spiel mit meinem Fußballteam. Der Boden war matschig, ein 100-Kilo-Typ grätschte mich um. Es war keine Absicht, es war Unvermögen. Das Innenband war auch gerissen, ein Knochen abgesplittert. Statt im Prüfungsstress lag ich im Krankenhaus, und danach musste ich ein intensives Aufbautraining machen. Nach zweieinhalb Monaten fuhr ich Fahrrad und spielte mit einer Bandage Tennis. Zwei Tage nach meinem ersten Tennisspiel fuhr ich samstags mit dem Fahrrad an die Uni. Ein anderer Radfahrer fuhr direkt auf mich zu und dann in mich rein. Ich kam von rechts und hatte sogar angehalten, damit er vorbeifahren konnte. Es nützte nichts. Am Montag nach dem Unfall musste ich also wieder zum Arzt, das Knie wurde mehrfach punktiert. Und drei Wochen später noch einmal. Doch jetzt wurde es richtig dick, die Schmerzen wurden unerträglich. Ich kühlte zuhause mit Vanille-Eis, aber es half nichts, die Schmerzen gingen nicht mehr weg. Es stellte sich heraus, dass beim zweiten Punktieren Bakterien in das Knie gelangt waren und ich noch einmal operiert werden musste. So verbrachte ich im Juli 1995 zwei Wochen in der Uniklinik Mainz.

Ein Zufall bestimmt mein Leben

Und dort, in meinem Krankenbett, las ich in der Mainzer *Allgemeinen Zeitung* einen Artikel über Menschen, die in der Nähe von Prüm in der Eifel ein Windrad gebaut hatten. Ich hatte mich bis zu dieser Sekunde noch nie mit Windkraft beschäftigt. Windkraft kam bis auf einige mechanische und elektrische Grundlagen in meinem Studium überhaupt nicht vor. Zwar hatte ich zum Beispiel den photoelektrischen Effekt kennengelernt – die Grundlage für die Nutzung von Solarzellen. Um dessen konkrete Anwendung war es in meinem Studium aber nie gegangen. Trotzdem war ich sofort fasziniert.

In dem Artikel stand: Man könne allein mit der Kraft des Windes und einem einzigen Rad genug Strom produzieren, dass er für 200 Haushalte ein Jahr lang reiche. Ich war nie politisch aktiv gewesen und nie auf einer Anti-Atom-Demo. Ich hatte mich nie gegen oder für irgendetwas in besonderem Maße engagiert. Ich war alles andere als ein verbissener Umweltschützer und schon gar kein Grüner. Ich war Messdiener, konservativ erzogen und auch eher konservativ eingestellt. Als ich das erste Mal wählte, kreuzte ich CDU an. Umweltschützer und Grüne hießen bei uns zuhause „Grüne Spinner". Meine Eltern sagten: „Wir wollen doch nicht im Kalten sitzen."

Das wollte ich auch nicht. Wenn so „Grüne Spinner" kamen und sagten, in der Zeitung sei eh vieles gelogen, dachte ich: Warum sollen die uns anlügen? Heute weiß ich, dass ziemlich viel in der Zeitung nicht stimmt.

Aber damals waren Kohle und Atom für mich in Ordnung. Ich war kein Atomkraftgegner. Das war überhaupt nicht meine Motivation, ein Windrad zu bauen. Ich fand das einfach ökonomisch und ökologisch sinnvoll. Ich lernte auch erst in dieser Zeit, dass die CDU/FDP-Regierung unter Helmut Kohl bereits 1991 das „Gesetz über die Einspeisung von Strom aus erneuerbaren Energien in das öffentliche Netz" erlassen und damit die Grundlage für die Energiewende geschaffen hatte.

Es gab zu der Zeit einfach weit und breit kein Windrad in der Pfalz oder in Rheinhessen. Es ging darum, es den Leuten aus Prüm nachzumachen. Ich dachte: So ein Windrad müsste man auch bei uns bauen. Und je länger ich nachdachte, desto klarer wurde mir: Ich mache das.

3

Der Moment der Entscheidung

Warum ich Unternehmer in der Erneuerbare-Energien-Branche wurde

Es ist wie mit der Liebe auf den ersten Blick. Man kann nicht erklären, warum ein Mensch in den Raum kommt und es sofort funkt. So war es auch mit mir und dem Windrad. Ich hatte viel probiert, ich wollte den Bauernhof nicht, ich fand Physik langweilig und wollte nicht jeden Tag im Labor stehen. Ich hätte in der Computer- oder Software-branche sicherlich reich werden können, aber das reizte mich auch nicht. Bis zu dieser Sekunde war meine Idealvorstellung vom Leben, meine Freizeit ausgiebig zu genießen. Heute weiß ich, dass dieses Ideal auf der Vorstellung dessen basierte, was ich alles nicht wollte. In diesem Moment – gefesselt an mein Krankenhausbett – hatte ich zum ersten Mal in meinem Leben das Gefühl: Ich will das. Ich will das unbedingt. Und ich weiß auch, wo ich das Windrad baue: Auf dem Bauernhof meiner Eltern. Die hatten mittlerweile ihre Landwirt-schaft aufgegeben. Es gab genügend Platz. Und es gab Wind ohne Ende.
Und so erzählte ich jedem, der mich im Krankenhaus besuchte, dass ich ein Windrad bauen würde.
Aber hatten sie mich wirklich verstanden?
Egal. Ich wusste jedenfalls, was ich wollte.

Diskussionen mit dem Vater

Wie das dann immer so ist: Ein Studienkollege hatte einen Bruder, der bei einer hessischen Behörde arbeitete. Die vergab Förderbe-scheide für Wind und Solar. Sein Name war Matthias. Er besuchte mich im Krankenhaus und es stellte sich heraus, dass er einen Com-puter brauchte. Ich baute ihm einen zusammen und dafür erklärte er mir die Förderrichtlinien und wies mich darauf hin, dass ich ein Windgutachten brauchte.

Vier Tage nach dem Ende meines Krankenhausaufenthalts fuhr ich mit meiner damaligen Freundin in die Eifel, um das Windrad zu begutachten, über das in der Zeitung geschrieben worden war. Es war das erste Windrad, das ich aus der Nähe sah.

Wir besuchten einen der Windradbauer. Er war Lehrer und trug Strickstrümpfe. Es gab frisch gepressten Apfelsaft, und er erklärte uns alles. Meine Freundin schlief bei den theoretischen Erklärungen auf dem Sofa ein. Ich dagegen war fasziniert, obwohl ich längst nicht alles verstand.

Kurz darauf kam Matthias auf dem Hof meiner Eltern vorbei, um sich den Acker anzusehen, auf dem ich das Windrad aufstellen wollte. Er hatte bereits etwas Erfahrung und sagte, der Standort könnte passen. Wir aßen dann bei meinen Eltern zu Abend. Mein Vater fragte ihn allerhand zum Thema Windkraft, er wollte wissen, wie das alles funktionierte. Als Matthias wegfuhr, fragte mich mein Vater: „Was soll der Spaß denn eigentlich kosten?"

Ich sagte: „Etwa eine Million."

Mein Vater schaute mich an und sagte: „Ne. Das machst du nicht."

Ich antwortete: „Ich mache das."

Er sagte: „Wenn du das machst, brauchst du nie mehr nach Hause kommen."

Ich konnte ihn ja verstehen. Er hatte vierzig Jahre lang jeden Tag hart gearbeitet, damit seine Söhne studieren konnten und er ein paar Mark zurücklegen konnte, denn von der Bauernrente hätte er nicht leben können. Mein Vater ging davon aus, dass er haftete, falls es schiefging. Er konnte seinen Jungen ja nicht mit den Schulden hängenlassen. Ich habe mit ihm oft diskutiert, wie man besser und effizienter arbeiten kann und ihm Vorschläge gemacht. Ich hatte viele Ideen. Ich dachte zum Beispiel an eine Steinlesemaschine, um die Steine aus dem Acker zu holen, oder an eine bessere Rübenhackmaschine. Aber er sagte dann nur: „Ne, brauchen wir nicht. Machen wir schon immer so."

Darauf lief jede Diskussion hinaus. Das haben wir schon immer so gemacht. Ich fand das nicht gut, aber ich hatte es bis zu diesem Tag hingenommen, dass eine Sache erledigt war, wenn er sie nicht wollte. Es war das erste Mal, dass ich sein Nein nicht akzeptierte, sondern mir überlegte, wie ich es in ein Ja verwandeln konnte. Mein Bruder schlug vor, ein kleines Windrad für vielleicht 10.000 oder 20.000 Mark zu bauen. Doch ich hatte mich inzwischen eingearbeitet und wusste, dass ein kleines Windrad in zehn Metern Höhe im Binnenland eine zu geringe Windgeschwindigkeit hat, um wirtschaftlich zu sein. Das ist heute immer noch so. Kleine Windräder sind nur an wenigen, besonders windstarken Orten wirtschaftlich, etwa in Küstennähe. Als Physiker hatte ich schnell verstanden, wie der Zusammenhang zwischen Windstärke und Stromproduktion ist: Doppelte Windgeschwindigkeit bedeutet achtfache Energieerzeugung. In Wörrstadt, wo meine Firma steht, herrscht etwa in 150 Metern Höhe die doppelte Windgeschwindigkeit wie auf 10 Metern. Deshalb war mir klar: Es musste ein großes Windrad sein.

Gegenwind vom lokalen Energieversorger

Nach einigem Nachdenken kam ich auf eine Idee, um meinen Vater zu überzeugen. Ich brauchte andere Menschen, die das Windrad mitfinanzieren würden, um die Kosten zu verteilen. Ich fragte in meinem Freundes- und Bekanntenkreis, wer Lust hätte, sich zu beteiligen. In zwei Wochen hatte ich acht weitere Investoren gefunden, darunter meinen Bruder und den Mann meiner Cousine.
Danach ging ich zu meinem Vater und sagte: „Schau mal, Vater, ich habe acht andere Verrückte, wir teilen die Million durch neun." Ich bin dann auch mit einigen meiner Mitstreiter zu meinen Eltern gefahren. Wir haben meinem Vater erklärt, dass das Risiko gar nicht so groß sei, da wir nur mit unserer Einlage hafteten. Mir war es wichtig, meinen Vater von der Sache zu überzeugen.
Irgendwann stimmte er zu.
Ich wusste, dass ich mich um einen Netzanschluss kümmern musste, das hatte mir der Lehrer in der Eifel erklärt. Zudem hatte ich per Zufall bei einer Windanhörung im Landtag den Beauftragten für Erneuerbare Energien bei den Pfalzwerken getroffen, das war unser regionaler Stromlieferant.
Der Beauftragte war sehr freundlich und machte einen sehr hilfsbereiten Eindruck: „Kein Problem, Herr Willenbacher, ich kann Ihnen mit dem Netzanschluss helfen. Geben Sie mir mal die Adresse, wo das Windrad gebaut werden soll."
Das tat ich.
Er fuhr dann zu meinen Eltern und sagte ihnen: „Das ist ja toll, was Ihr Sohn da machen will. Aber: Da muss er sich ganz warm anziehen, wenn er ein Windrad bauen will, das ist eine ganz schön windige Angelegenheit." Dann versuchte er, ihnen möglichst viel Angst einzujagen. Und tatsächlich hätte er es fast geschafft, dass meine Eltern mich wieder von der Sache abbrachten.

Der Mann hatte offenbar den Auftrag, Leute dahingehend zu beraten, dass sie keine Windräder bauten. 1995 gab es noch nicht einmal eine Liberalisierung des Strommarktes in Deutschland. Die Stromkonzerne hatten noch eine echte Monopolmacht. Es untergrub das Monopol der Energieunternehmen, wenn jeder einfach seinen eigenen Strom erzeugen und dann auch noch an die Unternehmen verkaufen konnte. Die Energieunternehmen gingen also nach dem Motto vor: „Wehret den Anfängen!" Sie versuchten – teils offen, teils unterschwellig – jedwede Ansätze einer dezentralen Energieproduktion durch die Bürger zu verhindern. In Anzeigen von Energieversorgern wurde immer und immer wieder behauptet, dass wir in Deutschland eh nur fünf Prozent an erneuerbarem Strom ins Netz einspeisen könnten.

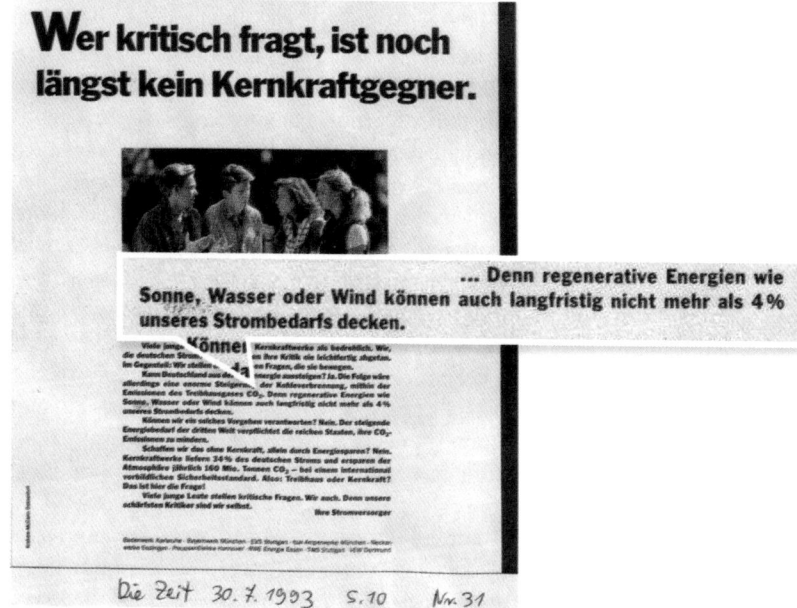

Der Vertreter von den Pfalzwerken hat mit genau solchen Argumenten meine Eltern verunsichert. Doch zum Glück konnte ich sie mit einiger Mühe wieder beruhigen.

Um den Jahresbeginn 1996 ging ich dann zur Genehmigungsbehörde, um den Bau des Windrades anzumelden. Dort hieß es: „Wie stellen Sie sich das vor? Wir können so etwas doch nicht einfach genehmigen."

Die Genehmigung war Grundlage für eine Förderung. Ich brauchte sie – und zwar schnell, denn die Förderung wurde nach dem Windhundprinzip an die ersten 15 Antragsteller vergeben. Seit 1994 stand Kurt Beck in Rheinland-Pfalz als Nachfolger von Rudolf Scharping einer sozialliberalen Koalition vor, die auf diese Weise damals anfing, Windenergie zu fördern.

Damit es schneller ging, machte ich selbst die Botengänge zwischen den Behörden, bis ich die Baugenehmigung hatte – nach nur fünf Wochen. Das ist bis heute in meiner Firma einsamer Rekord bei der Genehmigung von Windrädern.

Eine Woche später war auch die Förderung genehmigt. Es gab 216.000 Mark, das waren etwa 20 Prozent der Investitionssumme. Mit dem Förderbescheid, der Genehmigung, dem Pachtvertrag und den Windgutachten ging ich zur Hausbank meines Vaters. Trotzdem fragte mich der Banker Löcher in den Bauch – wie viele Gutachten ich hätte, ob ich schon eine Baugenehmigung hätte, wie mein Pachtvertrag aussähe, wie die Wirtschaftlichkeit über 20 Jahre aussähe. Er stellte viele Fragen, aber ich war sehr gut vorbereitet und konnte sie ihm alle zu seiner Zufriedenheit beantworten. Das war bei den meisten anderen Windradplanern damals anders. Sie scheiterten oft, weil sie zunächst zur Bank gingen, bevor sie sich um die Details kümmerten. Und dann hörten sie, was die Banker alles forderten, und waren erst einmal abgeschreckt. Ich ging intuitiv erst dann zur Bank, nachdem ich alle Dinge geklärt hatte. Und hatte am nächsten Tag die Zusage über einen Kredit von 600.000 Mark. Wir hatten damit drei Fünftel der benötigten Million von der Bank und ein Fünftel vom Land. Ein Fünftel kam von uns.

Treffen mit Fred aus Kibo

An dieser Stelle kommt Fred Jung ins Spiel, ein Agrarökonom aus Kirchheimbolanden, wo ich zur Schule gegangen war – oder Kibo, wie der Ort bei uns heißt. Was ich damals nicht wusste: Es gab im Donnersbergkreis eine ganze Reihe Leute, die darüber nachdachten, ein Windrad zu bauen. Fred war einer von ihnen. Meine erste Windmessreihe mit dem Windmesser von Matthias hatte Lücken, da sein Gerät ein Prototyp war. Das war mir dann zu risikoreich, weil ich ja dabei war, eine Million D-Mark auszugeben. Da musste alles stimmen.

Deshalb hatte ich mich beim Meteorologischen Institut in Mainz umgehört und dort einen Doktoranden namens Roland kennenge-

lernt, der seine Doktorarbeit über dreidimensionale Simulations-
modelle zur Bestimmung der Windgeschwindigkeit schrieb. Für ihn
war ich ein praktisches Beispiel, das seine Arbeit voranbrachte –
und ich hatte nun ein weiteres Windgutachten. Aber auch das
reichte noch nicht für die nötige Datensicherheit. Deshalb machten
meine Mitstreiter und ich dann eigenhändig weitere Messungen.
Mein Vater fällte einen Baum, wir holten ihn gemeinsam aus dem
Wald und stellten ihn auf. Mithilfe eines Traktors brachte ich dann
die Messgeräte in acht Metern Höhe an. Das war ganz schön
gefährlich damals. Wir hatten Ende Januar und es herrschte reges
Schneetreiben. Es war aber notwendig, denn ich wollte diese
Daten unbedingt.
Auf der Genehmigungsbehörde hatte ich von etwa zwanzig Leuten
gehört, die auch ein Windrad planten. Einer von ihnen war Fred –
und offenbar machte er auch gerade Windmessungen auf dem
Hof seiner Eltern. Wir waren also beide Bauernsöhne und hatten
beide unabhängig voneinander angefangen, die gleiche Idee umzusetzen.
Ich telefonierte diesem Fred hinterher und erwischte ihn schließlich
an seinem WG-Telefon in Stuttgart-Hohenheim, wo er Agrarökö-
nomie studierte. Wir verabredeten uns bei ihm auf dem Hof. Als ich
dort ankam, saßen da viele Leute in der Küche, die gerade Hoch-
zeitslieder für einen Freund von Fred probten. Und die hatten in
der größeren Runde Grumbeersupp vorbereitet, das ist Pfälzer
Kartoffelsuppe.
Fred sagte: „Iss doch einfach mit."
Das fand ich sehr nett, dass die mich gleich so in ihre Runde auf-
nahmen. Und auch, dass Fred mir seine Messdaten einfach zur
Verfügung stellte. Das erste Treffen mit ihm war also klasse.
Nach dem Essen fuhren wir auf den Acker, wo er sein Windrad
bauen wollte. Er hatte Windmessdaten von etwa einem Jahr und
ich welche von vier Wochen. Meine Daten im gleichen Zeitraum
waren aber deutlich besser als seine, sie lagen bei 4,5 Metern
pro Sekunde. Seine über ein Jahr gesammelten Daten lagen bei
vier Metern pro Sekunde, was ein sehr guter Wert für Wind in zehn
Metern Höhe ist. Er war trotzdem noch nicht weitergekommen, weil
ihm die Netzanschlussmöglichkeit fehlte. Das ist heute anders.
Inzwischen steht an der Stelle, an der Fred damals geplant hatte,
ein Umspannwerk, um Strom in die große Überlandleitung einspeisen
zu können. Noch 2013 sollen hier zehn Windkraftanlagen mit je
drei Megawatt Leistung gebaut werden.

Ein paar von Schwinge schauten sich dann Windräder der Firmen Tacke, Micon, Vestas und Enercon an. Die ersten beiden Firmen gibt es nicht mehr, sie wurden inzwischen aufgekauft. Wir entschieden uns für Enercon, weil der ostfriesische Windkraftanlagenhersteller in der Generatorklasse bis 0,5 Megawatt zwei für uns wichtige Vorteile hatte. Einen getriebelosen Generator und den höchsten Turm, nämlich 65 Meter hoch, der die höheren Windgeschwindigkeiten in größerer Höhe nutzen konnte. Die Höhe war auch wichtig, weil wir auf einem hügeligen Gelände im Binnenland bauten, das zudem in der Nordpfalz generell stark bewaldet ist. Hohe Türme sind auch heute noch ein wichtiger Faktor für Windkraftanlagen im Binnenland. Nur sie ermöglichen es, dass Windkraft im Binnenland einen entscheidenden Beitrag zur Energiewende leisten kann. Heute sind diese Türme mit rund 140 Metern allerdings deutlich höher.

Bernhard, der Vertriebsmann von Enercon für Südwestdeutschland, kam persönlich in meine Studentenbude nach Mainz und fragte: „Hast du eine Finanzierung?"

Ich sagte: „Ja, klar."

Das war's. Ich musste nichts nachweisen.

Ich sagte: „Ich habe eine Bitte. Können Sie in den nächsten vier Wochen möglichst viel machen? Da habe ich noch Semesterferien."

„Kein Problem, wir fangen nächste Woche an."

Ich hatte noch nie etwas Größeres gekauft, maximal für 5.000 Mark, als man mir den Enercon-Vertrag vorlegte. Und dann stand da eine Summe von 940.000 Mark. Mir zitterten die Hände. Ich hielt dann die letzten drei Nullen zu. Dadurch sah ich nur die Zahl 940 – und so konnte ich unterschreiben. Mit Netzanschluss, Windgutachten, Genehmigung und diesem und jenem waren wir am Ende bei gut einer Million Mark.

Das war ein bisschen mehr als die anvisierten 100.000 Mark für jeden von uns neun Mitstreitern. Zwar hatten wir von Anfang an gesagt, dass wir alles zusammen machen würden und alle dabei gleich seien. Doch letztlich konnte das natürlich nicht funktionieren, weil jeder sich unterschiedlich engagierte und anders tickte. Die Koordinationsprozesse waren dann auch sehr langwierig. Allein für den Namen unserer Gesellschaft brauchten wir fünf Wochen, drei oder vier Treffen und unendliche Abstimmungsrunden. Ohne Ergebnis. Am Ende hießen wir Schwinge, Schneeberger Windkraftanlagen Gesellschaft GmbH.

Es dauerte trotzdem nur etwas über neun Monate von der Idee im Krankenhaus bis zur vollständigen Errichtung der Windkraftanlage. Das lag vor allem daran, dass ich so unheimlich hartnäckig war und es mehr als alles andere auf der Welt wollte. Ende Juli 1995 las ich den Artikel, im Mai des folgenden Jahres stand das Windrad. Auch wenn die Zusammenarbeit mit den acht anderen – zu denen Fred Jung nicht gehörte – nicht immer einfach war, so bin ich jedem einzelnen doch sehr dankbar. Nur mit der Hilfe aller konnte ich meinen Traum verwirklichen. Und zwar nicht auf einem Acker meines Vaters, sondern auf dem Gebiet meines Onkels, weil er den besseren Standort hatte.

„Mein erstes Windrad ☺"

Woodstock auf dem Schneebergerhof

Die Anlage hat dann sieben Jahre lang im Schnitt 30 Prozent mehr Strom erzeugt, als wir angenommen hatten. Danach wurde sie repowert, also durch eine größere Anlage mit 100 Meter Gondelhöhe und 70 statt 40 Meter Rotordurchmesser ersetzt. Seither produziert sie durchschnittlich viermal so viel Strom im Jahr.
2010 haben wir zudem eine ältere Anlage auf dem Schneebergerhof durch eine E 126 repowert, das ist die derzeit leistungsstärkste Windkraftanlage von Enercon mit einer Leistung von 7,5 Megawatt.

Diese Anlage produziert 18-mal so viel Strom wie das erste Windrad, das auf dem Schneebergerhof stand. Das zeigt, wie unglaublich schnell sich die Windkraft entwickelt. Insgesamt stehen hier heute sechs Windräder und eine Photovoltaik-Freiflächen-Anlage. Sie erzeugen so viel Strom, wie eine Stadt mit etwa 40.000 Einwohnern im Jahr verbraucht.

Das erste Windrad auf dem Schneebergerhof weihten wir am 13. Juli 1996 ein. Der Tag ging schließlich als „Woodstock in Schneebergerhof" in die Ortsgeschichte ein. Ich war auf unser Windrad geklettert, um von oben herunterzuschauen – und was ich sah, hatte Schneebergerhof noch nicht erlebt. Die ganzen Wege waren voller Autos, die Wiesen waren voller Menschen. Am Ende waren etwa 3.500 Leute gekommen. Sie kamen aus dem Taunus und aus Pirmasens, aus dem südlichen Teil von Rheinland-Pfalz und sogar aus Baden-Württemberg. Manche kamen sicher auch wegen des Biers und der Musik, die meisten aber, um ihr erstes Windrad zu sehen. Und um zu erfahren, wie Windkraft funktioniert und wie man ein Windrad baut.

Der Tag war geprägt von großer Euphorie. Das Wort Energiewende wurde damals noch nicht verwendet, aber die Suche nach Alternativen hatte angefangen. Der Tenor der Einweihung war: Hey, Windkraft ist diese Alternative. Und wenn das sogar ein paar Studenten hinkriegen, dann ist ja offenbar einiges möglich.

Es war eine Riesenfeier, die um Mitternacht in meinen Geburtstag überging.

Wir öffneten das letzte Fass Bier um 4 Uhr morgens und voller Entschlossenheit, dieses auch noch leerzutrinken. Aber es ging nichts mehr. Ich nahm das Fass dann mit nach Hause und wir feierten dort ein paar Tage später weiter.

Einer meiner Freunde sagte, er habe mir als Geschenk „das geilste Computerspiel der Welt" mitgebracht. Das werde er mir jetzt auf meinen Computer laden.

Er tat es und am nächsten Tag war meine Festplatte nicht mehr zu gebrauchen – inklusive meiner Doktorarbeit. Ich hatte aber vorausschauend mit einer Sicherungsdiskette vorgesorgt, die ich in meinem Rucksack aufbewahrte. Die Diskette war auch tatsächlich im Rucksack. Aber nach Murphy's Law war genau dort Tipp-Ex ausgelaufen. Direkt auf die Diskette. Es war nichts mehr zu machen. Ich hatte noch Teile in einem Computer an der Uni gespeichert, aber 80 Prozent meiner Doktorarbeit waren weg.

Die finale Entscheidung

Den Vortrag zu meiner Doktorarbeit hatte ich bereits gehalten. Normalerweise kann man ein halbes Jahr später die Arbeit abgeben. Ich arbeitete dann mehrere Monate daran, um alles wieder aufzuholen. Aber inzwischen hatten Fred Jung und ich bereits juwi gegründet. Ende 1996 bekamen wir die Genehmigung für ein weiteres Windrad, Anfang des folgenden Jahres hatten wir die Genehmigungen für vier weitere. Spätestens da überlegte ich ernsthaft: Soll ich jetzt wirklich meine Doktorarbeit abschließen und dann Sportlehrer werden? Oder das machen, was mich offenbar voll und ganz beschäftigte und erfüllte? Im Grunde war die Antwort klar.

Im April 1997 kam mein Professor zu mir und sagte: „Herr Willenbacher, so geht das nicht weiter. Sie müssen sich mehr anstrengen, sonst wird das nichts mit der Promotion."
Ich antwortete: „Sie haben vollkommen recht, ich müsste mich mehr anstrengen, aber ich will das nicht mehr. Ich höre auf."
Er war fassungslos, denn er hatte mir nur einen Weckruf verpassen wollen. Aber ich hatte lange genug überlegt. Der Moment der Entscheidung war da. Es war ein Moment der Befreiung. Ich war jetzt 27 und ich würde nicht Lehrer und Beamter werden. Ich würde auch nicht auf einem sicheren Arbeitsplatz als Angestellter in der Industrie landen wie mein Bruder, der zu der Zeit bei der BASF war. Ich würde meine Doktorarbeit nicht mehr abschließen. Ich würde Unternehmer werden und die Erneuerbaren Energien voranbringen. Und zwar jetzt und mit hundertprozentigem Engagement.
Das Unternehmen gab es ja schon. Fred und ich hatten zu der Zeit bereits vier gemeinsame Windräder errichtet. Nebenbei. Wir hatten uns direkt einen Tag nach der Errichtung des ersten Windrades in meiner Studentenbude verabredet. Es war der 16. Mai 1996. Ein Feiertag.
Wir sprachen miteinander und nach einer Weile sagte ich zu ihm: „Wir können gerne zusammen ein Windrad bauen. Aber ich möchte nicht, dass wir uns wochenlang über einen Namen unterhalten."
Das wollte ich nach den Schwinge-Erfahrungen auf keinen Fall mehr.
Aber da streckte Fred Jung mir schon die Hand entgegen und sagte: „Ju".
Ich sah ihn an und sagte: „Wi".

Das war der Beginn unseres Unternehmens juwi. Und das ist bis heute unsere Art der Zusammenarbeit. Wir sagen oft spontan: So machen wir das jetzt.
Und dann machen wir es.

Und so machen wir es bis heute. Fred (links) und ich beim 10. „juwiläum".

4

Wir Bürger als Rückgrat der Energiewende

Vom Bürgerprotest zur Bürgerenergie

Ich erinnere mich noch genau an den Moment, als wir das erste juwi-Windrad in der Nähe von Kirchheimbolanden errichtet hatten. Fred und ich standen unter der Windmühle und schauten in eine weite und leere Hochebene.

„Sieh dir das an, Fred", sagte ich: „Weit und breit kein Dorf. Da bauen wir einen großen Windpark hin."

Fred schaute wenig begeistert: „Och, Matthias, lass uns mal lieber ein paar Jahre abwarten, bevor wir hier weitermachen."

Wir hatten gerade auf die harte Tour erfahren, was es heißt, wenn man Bürger nicht früh genug und richtig in den Prozess des Bauens von Windrädern integriert.

Ein typischer Anfängerfehler: Das Windrad war geplant zwischen den Gemeinden Ilbesheim und Stetten. Es würde aber auf Stettener Gemarkung stehen. Die Stettener wurden daher gefragt, ob sie dem Windrad zustimmten, was sie auch taten. Die Ilbesheimer wurden nicht gefragt, wussten nichts davon, hatten nichts davon und waren daher alles andere als begeistert.

Damals war ich 27, Fred Jung war 26 und in der Bürgerversammlung wurde uns unter großem Geschrei deutlich gemacht, was für kleine und grüne Jungs wir seien.

Die erbosten Ilbesheimer schrien: „Hast du eine Genehmigung?"

Ich sagte: „Klar", und zeigte sie her.

Aber das machte sie erst richtig wütend, denn das Windrad würde von Stetten aus zwei Kilometer entfernt sein, von Ilbesheim aber nur 500 Meter – und damit in Sichtweite.

Die Wut der Ilbesheimer war daher vollkommen berechtigt. Sie fühlten sich übergangen und entsprechend verärgert waren sie.

Hinterher kamen zwar teilweise dieselben Leute zu uns und fragten: „Wo kann ich investieren?" Dennoch: Es war ein Musterbeispiel für einen misslungenen Beteiligungsprozess. Was ich damals nicht wusste, weil ich auch noch überhaupt nicht wusste, was ein Beteiligungsprozess ist und wie wichtig er ist. Es ist bis heute ein klassischer Konflikt, wenn Anlagen an einer Gemarkungsgrenze errichtet werden und die einen den Nutzen und die anderen die Nachteile haben. Doch es funktioniert, wenn man Regelungen findet, beide Seiten an den Einnahmen zu beteiligen.

Eine weitere Erkenntnis: Es gibt nicht die *eine* Bürgerinitiative. Es gibt sehr unterschiedliche Initiativen und es gibt Allianzen, in denen sich Menschen mit unterschiedlichen Motiven sammeln. Der Antrieb geht von Menschen aus, die nicht wollen, dass an der Stelle, wo sie ihre Heimat, ihr Haus haben, Windräder gebaut werden. Sie fürchten um ihre Gesundheit oder den Wert ihres Hauses.

Wenn jemand nicht in der Nähe eines Windrades wohnen möchte, so respektiere ich diese Position. Und wenn jemand findet, dass Windräder das Landschaftsbild zerstören, so kann ich ihm das nicht ausreden. Ich selbst sehe das nicht so: Ich bin begeistert von der Technologie und finde viele Windräder sehr schön. Auch ich finde allerdings nicht jedes Windrad an jedem Ort schön. Aber ich weiß, dass sie sehr sinnvoll sind – und das ist für mich das entscheidende Argument pro Windenergie.

Energieversorger liefern Argumente

Aber wo kommen die Gegenargumente her? Da lohnt es sich, genauer hinzuschauen. Die Argumente von Naturschützern sind für mich sehr wichtig. Wir möchten den Umweltschutz im Einklang mit dem Naturschutz voranbringen und nicht gegeneinander ausspielen. Allerdings musste ich die Erfahrung machen, dass Naturschutz leider häufig ein vorgeschobener Grund ist.

In meinen Anfangsjahren dominierten vor allem Argumente, warum Windräder sowieso sinnlos seien. Und die kamen von den Energieversorgern, die ihre Geschäftsmodelle und ihre Gewinne gegen neue Konkurrenz schützen wollten. Ihnen war klar, dass die Erneuerbaren Energien eine Gefährdung ihres Geschäftsmodells darstellten, weil sie dezentral sind und somit nicht nur wenige Unternehmen, sondern viele unterschiedliche Zielgruppen an ihnen partizipieren können. Konkret war es so, dass Mitarbeiter von Energieversorgern die Bürgerinitiativen mit Argumenten versorgten. Somit ist es nicht immer einfach zu unterscheiden zwischen echtem Bürgerengagement und der Einflussnahme derjenigen, die ihre Geschäftsinteressen verteidigen und glauben, die Zuständigkeit für die Steuerung der Energiepolitik läge allein bei ihnen.

Der Bundesverband Landschaftsschutz (BLS) etwa agitiert seit seiner Gründung im Jahr 1995 einzig und allein gegen „die Bedrohungen durch Windkraftwerke". Die Einschätzung von Umweltverbänden, er sei eine Tarnorganisation der konventionellen Energieunternehmen, hat der BLS stets zurückgewiesen. Seine Protagonisten schafften es immer wieder als Kronzeugen in die gegenüber Windkraft skeptischen Beiträge des *Spiegel*. Höhepunkt der Windkraft-Schmähungen war der *Spiegel*-Titel „Die große Luftnummer" im Frühjahr 2003, wegen dessen Erscheinen zwei kritische Fachjournalisten das Politmagazin aus Protest verließen.

In diesen Jahren war die anfängliche Euphorie über die Windenergie in Skepsis umgeschlagen. Der Grund waren Fehler bei der Beteiligung von Bürgern, der daraus resultierende Bürgerwiderstand sowie der organisierte Widerstand des Energie-Establishments. 1998 hatten wir mit juwi angefangen, in größerem Stil Windräder zu bauen, und da positionierten sich auch schon die Gegner. Je mehr Windräder wir errichteten, desto größer wurden die Widerstände.

Im Sommer 1999 waren Kommunalwahlen in Rheinland-Pfalz. Alle Bürgermeister, die uns vorher mit offenen Armen empfangen hatten, schreckten nun plötzlich zurück, als sie merkten, dass es auch Widerstand gab und ihr Engagement für Windkraft als landschafts- und naturzerstörerisch sowie undemokratisch bezeichnet wurde. Sie hatten Angst, ihr Engagement könnte sich bei den Wahlen für sie und ihre jeweiligen Parteien negativ auswirken. Damals lernte ich: Vor so einer Wahl haben Bürgerinitiativen die größte Macht, etwas in ihrem Sinne zu beeinflussen.

Die Planungsgemeinschaft Westpfalz hatte in dieser Zeit ein Standortkonzept für Windkraft vorgelegt, das den Anschein erweckte, man könne überall bauen, wo sie einen möglichen Standort ausgemacht hatte. Wir pachteten daher einige dieser Standorte. Es stellte sich dann jedoch heraus, dass es sich hier nur um ein Vorschlagskonzept handelte, das nicht mit Kommunen und Naturschutzverbänden abgestimmt war.

Showdown in Schallodenbach

Einer dieser Standorte lag in der Ortsgemeinde Schallodenbach im Landkreis Kaiserslautern. Wir hatten hier auf einer Hügelkette bereits zwanzig Windräder geplant und ein anderes Unternehmen hatte ebenfalls zehn geplant. Auf recht engem Raum waren das zusammen genommen bereits dreißig Windräder. Und nun wollten wir dort weitere Windräder auf einer der vorgeplanten Flächen bauen. Im Herbst 1999 kam es dann zum Showdown bei einer Bürgerversammlung in Schallodenbach. Ein Ort, in den viele Leute aus der Stadt gezogen waren, um in der Natur zu leben. Alles war voller Banner und Plakate gegen Windkraft. Kurz vor der Veranstaltung waren die Windkraftbefürworter bei der erwähnten Kommunalwahl „abgewatscht" worden. In der Folge musste der Landrat den Windrädern abschwören, der Verbandsbürgermeister wurde neu gewählt und versicherte, dass Windräder nur über seine Leiche gebaut würden. Die Politik, die Zugezogenen, die Natur- und Landschaftsschützer – sie alle wollten ihre Heimat retten.
Vor uns.
Ich sehe noch heute das Plakat vor mir, das in der Halle hing: „Mami, rette meine Heimat!"
In der folgenden Stunde wurde ich mit nahezu allen Gegenargumenten konfrontiert, die die Entwicklung der Windkraft seit ihren Anfängen begleiten: der Schattenwurf der Anlage, das Vogelsterben, die negativen Auswirkungen auf die Immobilienpreise. Die Behauptung, dass Windräder doch nur „ein Tropfen auf den heißen Stein" seien und die Zuwächse am Strombedarf mit Wind nicht hinzubekommen seien. Mein Lieblingsargument kam selbstverständlich auch: „Und wenn der Wind nicht weht, müssen wir im Dunkeln sitzen. Dann lassen wir es doch lieber sein, das ist doch nutzlos."

Das war die Zeit, in der die Energieunternehmen in großen Anzeigenserien verkündeten, dass das Netz nicht mehr als fünf Prozent Erneuerbare Energien aufnehmen könne. Die Pfalzwerke ließen uns zu dieser Zeit immer wieder den Netzanschluss für weitere Anlagen untersagen mit der Begründung, das Netz schaffe das nicht. Das war zum Beispiel am Schneebergerhof der Fall, wo wir 1997 nach der 500-Kilowatt-Anlage eine weitere Windkraftanlage bauen wollten. Dabei handelte es sich um eine 1,5-Megawatt-Anlage – die erste ihrer Art im Binnenland. Die Pfalzwerke untersagten mir damals, die volle Leistung einzuspeisen in der Hoffnung, dass ich dann mein Vorhaben aufgeben würde. Ich machte es trotzdem. Nachdem die Anlage am Netz war, ließ ich Messungen zu den Spannungs- und Frequenzwerten durchführen. Die zeigten, dass das Netz das ohne Probleme vertragen konnte und somit die volle Leistung einzuspeisen war. Die Pfalzwerke lenkten wenige Tage später ein.

Zwei Jahre später gab es mit zwei weiteren Anlagen am selben Standort jedoch die gleiche Diskussion. Es brauchte Gutachter, sogar aus Norddeutschland, Anwaltsschreiben und sehr großen Druck, bis wir die Windmühlen doch bauen durften. Am Netz wurde gar nichts geändert. Am Ende war es möglich, mit 4.500 Kilowatt die neunfache Leistung einzuspeisen, obwohl anfangs angeblich schon die 500 Kilowatt des allerersten Windrades immense Probleme bereiteten. Es ging den Pfalzwerken nicht darum, alles korrekt zu machen. Es ging ihnen vielmehr darum, einen Windkraftbetreiber und Konkurrenten zu behindern.

Inzwischen bauen die Pfalzwerke auch Windräder, Photovoltaik- und Biogasanlagen. Das ist ein Verdienst der Vorstände, aber auch der Tatsache geschuldet, dass sie selbst keine nennenswerten konventionellen Kraftwerke betreiben. Aber damals lautete das Motto: So wenig Windräder wie möglich.

Damals ging es stets darum, zu zeigen, dass Windräder keinen Nutzen bringen. Vielmehr noch wollte man zeigen, dass sie der Natur und dem Landschaftsbild schaden – und mit diesen Argumenten Betroffenheit bei den Menschen auslösen. Das gelang an diesem Abend im Saal von Schallodenbach glänzend.

Die Diskussionen werden persönlich

Es war hart, und als ich von der Bühne herunterkam, habe ich offenbar vor Erleichterung kurz gelächelt. Ich sehe noch heute die Frau vor mir, die anschließend auf mich zukam. Sie war Mitte Vierzig und sicher im normalen Leben eine Bürgerin mit untadeligen Umgangsformen. Aber jetzt schaute sie mich hasserfüllt an und sagte: „Ihnen wird das Lachen schon noch vergehen. Am liebsten würde ich Ihnen in die Fresse hauen."

So etwas begegnete uns in dieser Zeit öfter. Reifen von Mitarbeitern wurden plattgestochen, und es wurde generell mit harten Bandagen gekämpft.

Im Vogelsbergkreis in Hessen gab es einen Bürgermeister, der sich bereits sehr früh für Windkraftanlagen eingesetzt hatte. Als sich in

Flomborn, im rheinhessischen Hügelland, die Frage der Windkraft stellte, fuhren wir die Bürger in einem Bus in den Vogelsbergkreis, um ihnen einen umfassenden Eindruck zu vermitteln. Das überzeugte viele. Wir konnten bald darauf in Flomborn 13 Anlagen errichten. Daraufhin wollte die Nachbargemeinde von Flomborn auch Windräder haben. „Das machen wir bei uns auch", sagte deren Bürgermeister und leitete alles in die Wege, damit dort etwa 15 Windräder gebaut werden konnten. Dann ging der Bürgerprotest erst richtig los.

Die Winzerin Trude initiierte eine Bürgerinitiative gegen Windkraft. Sie gestaltete eine Internetseite „Hügelland" und legte zudem eine kleine Zeitung auf für die sechs, sieben Ortschaften rund um den geplanten Windpark. Hier wurde kontinuierlich über die neuesten Entwicklungen bei der Planung berichtet. Und immer nur negativ. Die Initiative war richtig gut. Sie vernetzte sich mit anderen Bürgerinitiativen, erweiterte so ihr Know-how und ließ allen Behörden aktenordnerweise Unterlagen zukommen, die aufzeigen sollten, warum Windräder grundsätzlich nicht gut seien und schon gar nicht an der geplanten Stelle. Sie versuchte immer stärker Druck aufzubauen – auf die Verbandsgemeinde, die Verwaltung, die Bezirksregierung, die Landesregierung, die Umweltministerin, den Ministerpräsidenten, sämtliche Medien. Aber der Bürgermeister, die Gemeinde und die Verbandsgemeinde standen hinter uns.
Dann wurden anonyme Briefe versandt, auch an meine Eltern.
„Wenn Ihr Sohn nicht damit aufhört, wird etwas Schlimmes passieren." Anonym, aber die Adresse war handschriftlich geschrieben.
Sehr gut, dachte ich, damit kann man etwas anfangen.
Bei einer Anhörung gab ich eine Unterschriftenliste herum, um die Schrift vergleichen zu können.
Aber die Winzerin Trude wurde misstrauisch, und als ich mit der Liste den Raum verlassen wollte, rief sie: „Haltet den Willenbacher!" Ein kräftiger Mann erwischte mich kurz hinter dem Ausgang, schleuderte mich gegen die Hallenwand und schrie: „Rück die Unterschriftenliste raus!"
Ich gab sie ihm aber nicht und rief um Hilfe.
Dann kam auch der Bürgermeister hinzugerannt und nahm die Liste an sich.
Man kann noch heute im Internet nachlesen, wie ich durch „skandalöses Verhalten", das an „arglistige Täuschung" grenzte, die Bürger „schockiert" hätte.

Das liest sich wie eine Posse aus einer wilden Zeit, vermittelt aus meiner Sicht aber einen guten Eindruck, wie es in dieser Phase der Energiewende zuging.

Instrumentalisierung der Bürger

Hauptwerkzeug der Windkraftgegner damals war das 1997 erschienene Buch „Windkraft: Eine Alternative, die keine ist" eines Darmstädter Professors namens Otfried Wolfrum. Dieses war ausgerechnet im als alternativ geltenden Frankfurter Verlag Zweitausendeins aufgelegt worden. Wolfrum war Landschaftsschützer und versammelte in seinem Werk die „gesammelten Desinformationen über die Windenergie", wie es in dem Buch „Windiger Protest" heißt, das der langjährige Fernsehjournalist Franz Alt und der SPD-Politiker Hermann Scheer herausgaben, um die Motive der Windkraftgegner transparent zu machen.

Wolfrum stellte die Windkraft als übersubventionierte Energieform dar, die einen viel zu großen Flächenbedarf habe, niemals einen merkbaren Anteil an der Stromversorgung erreichen könne und ein geringes Arbeitsplatzpotenzial habe. Zudem sei sie für den Export viel zu teuer und würde letztlich auch noch das Energiesparen verhindern, weil sie suggeriere, alles könne so weitergehen wie bisher. Das alles wird in dem Buch „Windiger Protest" inhaltlich widerlegt. Darüber hinaus sieht Scheer hier die Widerstände aus zwei unterschiedlichen Richtungen kommen, die eine sogenannte „Negativkoalition" bildeten. Zum einen seien es Landschafts- und Naturschützer, denen die „ästhetische Landschaftsverschmutzung" wichtiger sei als die Verschmutzung durch die Emissionen der fossilen Energien. Für sie zählten Naturschutzargumente mehr als die Umweltverschmutzung durch die Stromerzeugung mit Atom und Kohle. Zum anderen steckten die Betreiber des atomar-fossilen Energiekartells dahinter, das mit der herkömmlichen Stromerzeugung viel Geld verdiene und diesen Profit von unabhängigen, privaten Windenergie-Betreibern bedroht sehe. Daher versuchten sie das Neue auszubremsen, indem sie den Netzzugang erschwerten, durch politischen Einfluss administrative Verhinderungsmöglichkeiten ausnutzten und die Bürger mithilfe jeder zur Verfügung stehenden Argumentation zumindest verwirrten, am besten aber gegen die Windkraft aufwiegelten. Es würden nicht nur Bürger instrumentalisiert, sondern auch Naturargumente. Und tatsächlich: In Schallodenbach suchte man so lange, bis man auf die Wiesenweihe kam. Das ist ein in Deutschland gefährdeter Greifvogel, der in der Nähe der geplanten Anlagen brüten sollte. Das konnte dann vor Gericht nicht belegt werden, sodass die Windräder am Ende gebaut werden konnten.

Es war und ist kein einfacher Weg, immer wieder gegen die gleichen Vorurteile anzukämpfen. Diese sind bis heute eigentlich dieselben geblieben. Da heißt es, das ganze Unternehmen sei nutzlos und es sei verrückt zu glauben, man könne mit Erneuerbaren Energien die Atomkraft ersetzen. Auch wird behauptet, man könne keine maroden Gemeindekassen füllen, wo es doch ausschließlich um den Subventionsprofit von Geschäftemachern gehe. Nicht zu vergessen die immer wiederkehrende Behauptung, dass eine sichere Energieversorgung mit Wind nicht möglich sei, weil der Wind in Deutschland ja nicht verlässlich wehe.

Es stimmt, dass wir in Deutschland nicht zu jeder Stunde so viel Wind haben, dass wir uns damit komplett versorgen könnten. Aber das spricht ganz und gar nicht dagegen, dass wir uns mit Wind so weit versorgen, wie es möglich ist.

Es spricht aber dafür, die Sonne mit ins Spiel zu bringen.

Ironischerweise war es mein alter Deutschlehrer Roland, der mich zur Sonne brachte.

Dieser Deutschlehrer war bei allem Respekt nicht gerade einer der beliebtesten Lehrer an unserem Gymnasium gewesen. Zu mir sagte er regelmäßig: „Matthias, setz dich gerade hin. Haben deine Eltern dir das noch nicht beigebracht, dass man gerade zu sitzen hat?"

Außerhalb der Schule engagierte er sich als Naturschützer. Seine besondere Mission war es, die lokale Vogelwelt zu schützen. Windräder waren ihm daher ein Graus. Bei einer Bürgerversammlung sah ich ihn wieder. Er war der Anführer der Windkraftgegner. Heute weiß ich, dass er in seiner Wut der Repräsentant der einen Betrachtungsweise von Windkraftanlagen war, die die Zerstörung des lokalen Landschaftsbildes und der unmittelbaren Natur in den Vordergrund stellt – ungeachtet der globalen Dimension. Autobahnen, Mülldeponien, Windräder: Für ihn machte das keinen Unterschied. „Leute wie Sie – Physiker, Ingenieure – sind doch gar nicht in der Lage, Landschaft zu begreifen", rief er bei der Veranstaltung. „Das können nur Philologen."

Also nur Leute wie er.

Ein ehemaliger Geschichtslehrer von mir war dagegen begeistert, wenn er eine Windmühle sah. Seine Priorität galt der sauberen

Stromerzeugung. Er repräsentierte die andere Sichtweise: Windräder waren für ihn in Ablösung der alten Industrielandschaften eine neue und ästhetische Kulturlandschaft mit einer globalen ökosozialen Dimension. Ausgehend von meinen persönlichen Erfahrungen schätze ich, dass etwa zehn Prozent der Menschen Windräder ästhetisch schön finden und zehn Prozent sie aus ästhetischen Gründen immer ablehnen werden – egal, wie sinnvoll sie sind. Die restlichen 80 Prozent haben ein funktionales Verhältnis dazu. Wenn es für sie Sinn ergibt, werden sie dem Bau zustimmen.

Tolle Aussichten sind kein Argument

Erneuerbare Energien sollen nicht zulasten des Naturschutzes gehen. Hier gebe ich den Naturschützern recht. Aber das Landschaftsbild und die Aussicht sind für mich nicht die stärksten Argumente. Wenn man wirklich überzeugt ist von den Erneuerbaren Energien, wird man den Kompromiss zwischen Umwelt- und Naturschutz finden. Das geht, denn wir haben genügend Flächen in Deutschland.
Ich weiß noch, wie mein Bruder zu mir sagte, ich solle doch mein erstes Windrad irgendwo bauen, wo mein Vater, der ja dagegen war, es nicht sehen könnte.
Ich antwortete ihm, dass das nicht ginge.
„Ich will das nicht irgendwo machen, sondern für die Menschen in meiner Umgebung, die ich kenne und überzeugen möchte".
Es ist für sie und nicht gegen sie. Dafür muss man beim Landschaftsbild Kompromisse eingehen. Sie sind es wert.

Was ich unbefriedigend finde, ist ein Not-in-my-backyard-Verhalten, das eine reale und rigorose Ablehnung mit einer theoretischen und grundsätzlichen Zustimmung verknüpfen will. Also: „Ich finde Windräder und Erneuerbare Energien auch total wichtig. Nur eben nicht hier vor meiner Haustür. Dagegen wehre ich mich." Wenn man erneuerbare Stromproduktion wirklich wichtig findet, dann ist man bereit, dafür Kompromisse einzugehen. Dann schaut man, wo Windräder aufgebaut werden können und reduziert seinen Einsatz nicht darauf, zu sagen, wo es nicht geht. Die Windräder am Schneeberger Hof sind für mich übrigens selbstverständlich eine Augenweide.

Sich wehren ist wichtig

Auch wenn die Konzerne auch heute noch Bürgerproteste instrumentalisieren, um die Energiewende zu behindern und ihre Gewinne
mit dem schmutzigen Strom zu verteidigen: Ich finde die Möglichkeit des Protestes ungemein wichtig. Ich bin unbedingt dafür, dass
sich Bürger wehren können, vor allem gegen Großprojekte. Im Fall
der geplanten Stromtrassen halte ich es für zwingend notwendig, sich
zu wehren. Die Trassen sollen den Interessen der Konzerne dienen,
sie werden für eine dezentrale Energiewende nicht benötigt.
Wichtig ist mir: Bürgerproteste können berechtigt sein oder nicht,
aber sie können die Energiewende nicht stoppen, denn deren Kraft
liegt in der Dezentralität. Es gibt einige Standorte, gegen die pro-
testiert wird, so zum Beispiel im Pfälzer Wald. Doch es gibt auch
genug andere Standorte, an denen es eine breite Zustimmung gibt.
Gegen 20 Gemeinden, die keine Windräder wollen, stehen 200, die
die Energiewende als Chance begreifen. Erstens, weil sie wissen,
dass der Strom nicht mehr nur einfach aus der Steckdose kommt.
Und zweitens, weil sie Erneuerbare Energien als eine Einnahmequelle sehen, die andere schwindende Einnahmen kompensieren
kann. Sie sehen die Vorteile der Erneuerbaren Energien: Ankurbe-
lung der lokalen Wirtschaft und Wertschöpfung in der Region, die
Möglichkeit, etwas Nachhaltiges für kommende Generationen zu
schaffen. Heutzutage kann man sogar Kabeltrassen für Internet und
Strom zusammenziehen und hier zwei Fliegen mit einer Klappe
schlagen.
Selbst hinsichtlich der Sorge, dass der Tourismus unter Windrädern
und Co. leidet, gibt es inzwischen eine Gegenbewegung. Erneuerbare Energien als Ausflugsziele. Dazu gehören zum Beispiel der
Freiburger Ökostadtteil Vauban und die nachbarlich gelegene Solar-
siedlung, die Morbacher Energielandschaft, die Solarschiffe auf dem
Bodensee oder auch Windkraftanlagen mit Aussichtsplattformen wie
in Holtriem. Auch wir sind selbst ein solches Ausflugsziel geworden.
Unser Unternehmensgebäude in Wörrstadt besichtigen inzwischen
9.000 Menschen im Jahr. Von Schulklassen bis zu den Landfrauen.

Bürger als Motor der Energiewende

Die Bürgerbewegung, die Windkraft verhindern wollte, stabilisierte
damit ungewollt die Oligarchie der Konzerne. Das neue Bürgerengagement ist dagegen als sehr positiv zu bewerten: Es ist der Motor

der dezentralen, sauberen Energieversorgung, die gleichzeitig eine Umverteilung des Geldes von den Konzernen zu den Bürgern bedeutet.

Diese Bürger sind das Rückgrat der Energiewende.

Das schaffen sie, indem sie ihren Strom selbst erzeugen – zum Beispiel durch eine Photovoltaik-Anlage auf dem Dach und einen Stromspeicher im Keller. So machen sie sich unabhängig von den großen Konzernen und fossilen Energieträgern. Indirekt schaffen sie das auch durch ihre politische Partizipation und ihren Widerstand gegen die Blockadeversuche der großen Konzerne. Das zeigt exemplarisch die Kampagne „Die Wende – Energie in Bürgerhand", bei der sich die *100 prozent erneuerbar stiftung*, der *BUND*, die *BürgerEnergie Berlin eG*, die *Energiewende Jetzt*, die *GLS Bank Stiftung* und die *Haleakala-Stiftung* zusammengeschlossen haben. Sie setzen sich für das ein, was ein Großteil der Bürger wirklich möchte: den Ausbau der Erneuerbaren Energien und eine echte Energiewende.

Zustimmung zu Erneuerbare-Energien-Anlagen in der Umgebung des eigenen Wohnorts/Aussage, dass Zustimmung mit Vorerfahrung zunimmt

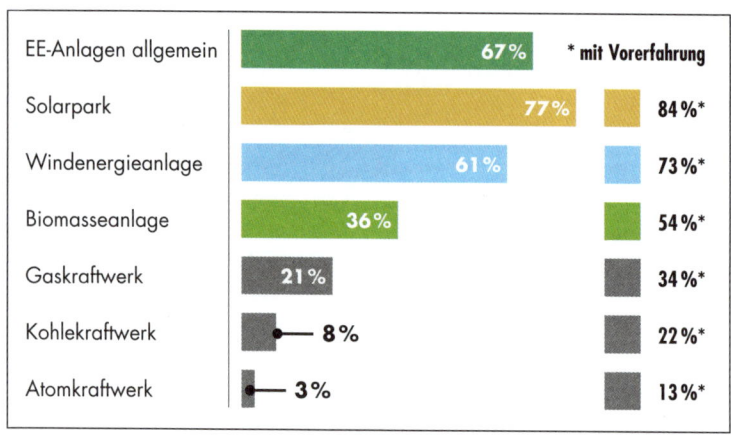

Die erneuerbaren Energien finden eine breite Akzeptanz in der Bevölkerung. Besonders Bürger, die schon Berührungspunkte mit Solar und Wind hatten, stehen der Energiewende in ihrer Nachbarschaft sehr positiv gegenüber.
Quelle: www.unendlich-viel-energie.de/de/detailansicht/browse/1/article/226/

Ende 2012 ergab eine Befragung durch TNS Infratest, dass mittlerweile 77 Prozent der Bundesbürger Solaranlagen und 61 Prozent Windrädern in ihrer Nachbarschaft positiv gegenüberstehen. Kohlekraftwerke finden nur acht Prozent akzeptabel, Atomkraftwerke nur drei Prozent. Widerstand gegen Erneuerbare Energien gibt es vor allem dort, wo die Bürger wenig Einfluss auf die Flächenplanung haben und nicht vom finanziellen Nutzen der Anlagen profitieren, weil es sich um Kapitalfonds handelt. Bei Bürgerwindparks ist die Akzeptanz in der Regel sehr hoch.

Boom der Energiegenossenschaften

Energiegenossenschaften boomen in Deutschland. Innerhalb von vier Jahren hat sich ihre Zahl bis Ende 2011 vervierfacht. 2011 gab es etwa 170 Neugründungen, 2010 waren es noch 129. Bis Ende 2007 hatte es bundesweit nur 101 Energiegenossenschaften gegeben. Der Grund für diesen Boom der Energiegenossenschaften ist zum einen ihr Partizipationswunsch und zum anderen ihre Partizipationsbereitschaft: Bürger wollen bei der Energiewende mithelfen, sie wollen aber auch am Entscheidungsprozess beteiligt werden. Und sie wollen finanziell profitieren.

In einer Energiegenossenschaft kann man das: mitmischen, sein Geld anlegen und sehr schnell mit Rendite rechnen. Man haftet zwar dann auch, aber nur mit dem angelegten Betrag. Inzwischen beteiligen sich über 80.000 Menschen bundesweit an Energiegenossenschaften.

Besonders viele Neugründungen gibt es in Bayern und Baden-Württemberg, aber auch in Niedersachsen. Allein in Baden Württemberg hat der Ausbau der Erneuerbaren und der Wechsel von der windkraftblockierenden CDU/FDP-Regierung zu Grün-Rot einen Gründungsboom hervorgerufen. Laut des dortigen Umweltministeriums ist die Zahl der Energiegenossenschaften bis Ende 2012 rasant angestiegen, von zehn Genossenschaften im Jahr 2008 auf 120 Genossenschaften heute. „Genossenschaften sind ein wichtiger Pfeiler beim Ausbau der Erneuerbaren Energien, denn die Energiewende ist ein Bürgerprojekt", pflegt Baden-Württembergs Umweltminister Franz Untersteller zu sagen. Die EEG-Novelle von 2012 hat dazu geführt, dass die bisher favorisierten Solarpark-Projekte schwieriger geworden sind, weil sie sich kaum noch rechnen. Die Vergütung wurde massiv gesenkt und große Solarparks werden nun gar nicht mehr nach dem EEG vergütet. Seither orientieren sich Energiegenossenschaften verstärkt in Richtung Windparks.

Ein Beispiel für eine Energiegenossenschaft ist die BürgerEnergie Tauberfranken, die zwei Solarparks betreibt und sich richtig sputen muss, um die Nachfrage von Bürgern befriedigen zu können. Weitere Parks sowohl für Sonnen- als auch Windenergie sind in Planung. Die Vorstände und Aufsichtsräte der Genossenschaft sind allesamt ehrenamtlich tätig, weshalb die Genossenschaft in der Regel weder Anlagen baut noch das Projekt entwickelt, sondern sich erfahrene Dienstleister sucht – wie zum Beispiel juwi beim Bürgersolarpark Tauberfranken. Es ist mir persönlich wichtig, solche Genossenschaften zu unterstützen. Nur die Bürger selbst können Begeisterung und Rückhalt in ihren Kommunen verankern. Wenn es aber darum geht, die Investitionen so zu entwickeln, dass das Geld im Ort bleibt, können wir mit unserem Know-how, das wir in den letzten 17 Jahren erworben haben, behilflich sein.

Die Menschen, die Energiegenossenschaften voranbringen, sind häufig stark geprägt von der ökologischen Bewegung der letzten drei Jahrzehnte und den Widerständen gegen sie. So zum Beispiel Joachim Thees. Der Vorstand der BürgerEnergie Tauberfranken sagt, seine Motivation für eine saubere, dezentrale Energieversorgung rühre vom Bau des Atomkraftwerks Grafenrheinfeld in der Nähe seines Heimatortes Schweinfurt her.
Der fundamentale Unterschied zu den politischen Bewegungen der Vergangenheit ist dabei das umgedrehte Motiv: Es geht nicht darum, das Schlimmste zu verhindern. Das Motiv der Energiegenossenschaften und ihrer Menschen ist es, die Zukunft selbst zu gestalten. Ökologisch und ökonomisch. BürgerEnergie Tauberfranken besteht sowohl aus jungen Familien als auch aus Rentnern, die für ihre Enkel investieren. Die Mindesteinlage ist mit 500 Euro so niedrig angesetzt, dass möglichst jeder mitmachen kann. Zudem ist die Einlage nach oben begrenzt, um zu verhindern, dass Großinvestoren zu viel Einfluss nehmen. Somit wird das demokratische Moment der neuen Energieerzeugung geschützt. Energiegenossenschaften sind wichtig für die gesellschaftliche Dynamik und eine dezentrale und konzernunabhängige Struktur der Energiewende.

Entwicklung von Energiegenossenschaften in Deutschland

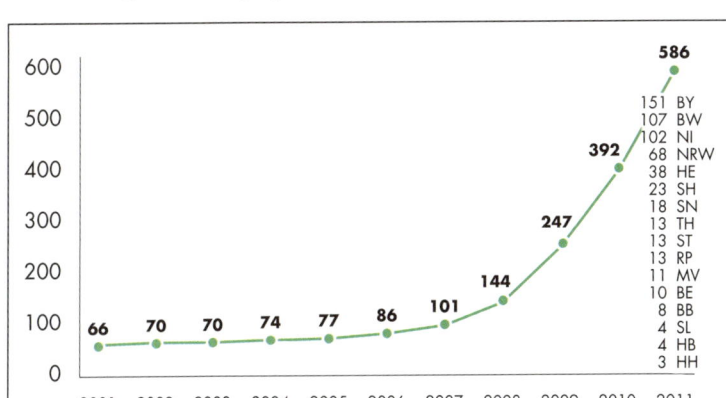

In den letzten drei Jahren gab es eine Vervierfachung der Energiegenossenschaften in Deutschland. Quelle: Klaus Novy Institut; Stand: 5/2012

Die Bürgergesellschaft

Eine weitere Form, die Energiewende voranzubringen, ist die GmbH und Co. KG in Bürgerhand. In einer Kommanditgesellschaft ist der Bürger nicht Genosse, sondern Gesellschafter.
Erich Wust ist Geschäftsführer von Wust – Wind & Sonne und betreut in Bayern zahlreiche Windenergie-Anlagen, die sich als GmbH und Co. KG in Bürgerhand befinden. „Die Rolle der Bürger ist sehr wichtig, und es ist auch wichtig, dass die Bürger mitgenommen werden. Sie sollen sehen, dass jeder Einzelne ein kleines, aber wichtiges Steinchen im großen Mosaik der Energiewende ist", sagt er.
Die bayerischen Bürgerwindparks im angeblich eher windarmen Süden der Republik nutzen die modernste Technik, so dass selbst in einem Monat mit weniger Wind als prognostiziert die Erträge stimmen. Es zeigt sich: Mit Nabenhöhen von rund 140 Metern und Rotordurchmessern von über 100 Metern lassen sich auch in Süddeutschland gute Erträge erzielen. Wust – Wind & Sonne übernimmt den kaufmännischen und technischen Bereich und die Bürgerbeteiligung

und sucht sich dazu einen passenden Projektentwickler. Auch wir arbeiten eng mit ihnen zusammen und haben schon Anlagen für sie projektiert. Wust ist ein überzeugter Verfechter der Bürgerbeteiligung an unserem künftigen Energiesystem.

Eine spannende Bürgerbewegung ist auch die BürgerEnergie Berlin Genossenschaft, die dem Land Berlin das Stromnetz abkaufen möchte, wenn der Konzessionsvertrag mit dem jetzigen Geschäftspartner Vattenfall 2014 ausläuft. Die Idee: Diejenigen, die das Netz nutzen und über ihren Strompreis bezahlen, sollen auch darüber entscheiden und von den Gewinnen profitieren. In der Verantwortung stehen dann die Bürger, die sich der Energiewende verpflichtet haben, und nicht die Konzerne, die fossil-atomare Strukturen präferieren, weil sie damit das meiste Geld verdienen können.

Entscheidend für das Gelingen der Energiewende sind auch die Stadtwerke. Sie können mit eigener Strom- und Wärmeerzeugung, etwa durch Beteiligungen an Erneuerbaren Energien oder den Bau eigener Wind- und Solarparks, sauberen Strom produzieren und liefern. Damit betreiben sie Wertschöpfung, anstatt das Geld durch Energieimporte aus der Region abfließen zu lassen.
Ein gutes Beispiel für eine moderne lokale Energiepolitik sind die Stadtwerke Schwäbisch Hall. Geschäftsführer Johannes van Bergen hat aus dem Unternehmen ein städtisches Energieunternehmen gemacht, das Standort und Energiewende voranbringt. Schwäbisch Hall ist daher nicht nur für die *Stuttgarter Zeitung* ein „Vorreiter der Energiewende".
Auch die Stadtwerke Mainz, zu 100 Prozent in Händen der Stadt, sind ein positives Beispiel. Allerdings bedurfte es für diese Entwicklung auch eines deutlichen bürgerlichen Fingerzeigs. Als es noch in Mode war, in neue Kohlekraftwerke zu investieren, planten auch die Mainzer zusammen mit den Wiesbadener Stadtwerken ein solches Kraftwerk auf der Ingelheimer Aue, einer Rheininsel in Mainz. Die Bürger konnten das aber verhindern – zum einen durch Bürgerinitiativen, zum anderen im Grunde dadurch, dass die Kommunalwahl 2009 auch zu einer Abstimmung über dieses von CDU, SPD und FDP beschlossene Kohleprojekt geriet.
Das Ergebnis der Kommunalwahl: Die gegen das Kraftwerk Politik machenden Grünen gewannen immens dazu, hatten am Ende einen Stimmenzuwachs auf 23 Prozent. Die SPD, die sich für das Kohlekraftwerk ausgesprochen hatte, verlor dagegen stark in der Wähler-

gunst. Nachdem sich bereits die CDU auf Druck der eigenen An-
hänger vom Befürworter zum Gegner des Kraftwerkes gewandelt
hatte, fand endlich auch die SPD Gründe, das Projekt aufzugeben.
Die Ampelkoalition erklärte es dann Ende 2009 offiziell für erledigt.
Seither sind die Mainzer Stadtwerke mit ihrem 2009 gestarteten
Projekt „Energiewende für die Region" tatsächlich unterwegs in die
Energiemoderne.

Aber es brauchte damals Bürger, die laut und deutlich sagten, dass
sie keine dreckigen Kohlekraftwerke wollen. Das Problem ist ja nicht
nur das klimaschädliche Kohlendioxid, es entstehen zudem Fein-
staub-, Schwefeldioxid-, Stickoxid- und Quecksilber-Emissionen sowie
Cadmium. Diese Stoffe gefährden die Gesundheit der Menschen
und verursachen immense volkswirtschaftliche Kosten. Weite Teile
von CDU, CSU und FDP, der immer noch starke Kohleflügel der SPD
sowie auch einige wenige Grüne glauben allerdings, man könne
die Energiewende mit den Konzernen machen. Das ist ein fundamentaler Irrtum. Wir haben es bei der Energiewende mit einem
Systemumbau zu tun – weg von wenigen Großkonzernen, die bis
heute den Energiemarkt dominieren und den Strompreis bestimmen,
und hin zu Millionen Energiebürgern, die sich für eine Demokratisie-
rung der Energie einsetzen. Die Großkonzerne haben vor allem ihren
Gewinn im Blick. Wenn die Stromkonzerne im vergangenen Jahr
statt knapp 20 Milliarden Euro (vor Zinsen und Steuern) eben weniger Gewinn gemacht hätten, hätte kein Stromkunde draufzahlen
müssen. Von ihrem Kuchen möchten sie aber ungern etwas abgeben.
Eine echte Energiewende mit dezentraler Energieerzeugung kann
daher nur über den Energiebürger funktionieren. Über Kommunalisie-
rung und über die Stadtwerke. Über Genossenschaften und Bürger-
energieparks.

Nun haben mir Menschen schon oft die Frage gestellt, inwiefern
Wertschöpfung über ein Windrad denn bitte schön moralisch höher-
wertiger sei als über die Dividende einer Konzernaktie? Mit RWE-
Aktien verbinden sich keine Ziele außer Rendite. Bei vielen Menschen,
die in Erneuerbare Energien investieren, geht es nicht nur um Rendite.
Das ist der Unterschied.

Viele Bürger sind von der Energiewende fasziniert, weil sie sich unabhängig machen und sauberen Strom beziehen wollen. Diese
Bürger sind es, die die Energiewende voranbringen. Und deshalb
weiß ich auch, was ich mit meinem Anteil an juwi mache, sollte die
Kanzlerin mein unmoralisches Angebot annehmen und die Energiewende tatsächlich bis 2020 umsetzen. Ich gebe mein Geld den

Genossenschaften. Da ist es gut aufgehoben, denn die Bürger setzen sich für die dezentrale Energiewende ein. Für mehr Partizipation und saubere Energie.

Auf dem Höhepunkt der Diskussion bei der Bürgerversammlung in Schallodenbach sagte mein alter Deutschlehrer Roland zu mir dann den klassischen Satz: „Und was macht ihr, wenn der Wind nicht weht, Matthias?"

Diesem Argument etwas Neues und Starkes entgegenzusetzen, das war für mich damals der Anstoß zu sagen: „Wenn der Wind nicht genug weht, dann haben wir immer noch die Sonne und dann bauen wir eben Solaranlagen." Das machten wir mit juwi dann auch.

Wie wichtig Solarenergie global gesehen ist, wurde mir aber erst in Afrika klar.

5

Die beste Entwicklungshilfe ist ein Solarpanel

Wie dezentral erzeugter Sonnenstrom die globale Gerechtigkeit voranbringt

Fast zwei Milliarden Menschen auf der Welt haben keinen Zugang zu Strom. Sie hätten selbst dann keinen Zugang, wenn eine neue Wunder-Energiequelle gefunden würde. Denn solange der Strom und die Stromleitungen zentral verteilt sind, ist ihnen jeder Zugang verwehrt. In bestimmten ländlichen Gebieten Afrikas wird es niemals Stromleitungen geben. Zum einen wäre es schwierig, sie zu bauen. Vor allem aber ist das nicht wirtschaftlich, weshalb es niemals jemand machen wird. Große Leitungen funktionieren nur mit großen Mengen Strom. Kleine Dörfer können aber keine großen Mengen abnehmen, weshalb sie niemals an ein Netz angeschlossen würden. Das Gleiche gilt übrigens für Telefonleitungen. Die Erfindung des Mobiltelefons gilt in unserer Gesellschaft als Revolution. In Afrika hat sie noch eine ganz andere Dimension.
Es gibt in den verstreuten Dörfern schlicht nicht genügend Wertschöpfung, als dass sich große Leitungen lohnen würden. Der Teufelskreis besteht darin, dass diese Wertschöpfung ohne Strom aber niemals entwickelt werden kann. Um ihn zu durchbrechen, brauchen die Menschen Hilfe zur Selbsthilfe – und das geht nur mit bezahlbaren Solarpanels statt mit teuren Dieselaggregaten, wie sie in afrikanischen Dörfern heute üblicherweise verwendet werden.

Reise durch Eritrea

Ich habe bei einer fünfwöchigen Reise durch Eritrea verstanden, welche globale und oft übersehene Dimension die Energiewende in Deutschland hat. Eritrea liegt im Nordosten Afrikas und ist eines der ärmsten Länder der Erde. Dort habe ich gesehen, was saubere Energie leisten kann und welche Bedeutung Solarenergie ökonomisch und demokratisch für die Menschen in Afrika hat.

Das war 1998.

Fred beendete sein Studium erst im Sommer dieses Jahres. Im April hatten wir daher unseren ersten Mitarbeiter eingestellt, damit wenigstens einer immer im Büro war. Er hieß Axel und war der Herbergsvater aus meiner alten Mainzer Studenten-WG. Er hat dann ein halbes Jahr lang für uns gearbeitet, bis er einen Referendariatsplatz als Lehrer bekam. Da Axel im Büro die Stellung hielt, konnte ich in der Funktion eines Windexperten für das Planungs- und Beratungsunternehmen Lahmeyer International nach Eritrea reisen. Hier arbeitete ich mit Ingenieuren und Technikern zusammen, die bereits länger vor Ort waren. Um das Land zu unterstützen, hatte die UNO eine Studie ausgeschrieben; Lahmeyer hatte die Ausschreibung gewonnen.

Ende April kam ich dann in ein Land, das unmittelbar vor einem Krieg mit seinem Nachbarn Äthiopien stand. Kurz nachdem ich das Land wieder verlassen hatte, erfolgten die ersten Luftangriffe. Ein paar Monate später kehrte ich nach Eritrea zurück, um die ersten Ergebnisse unserer Studie vorzustellen. In der Hauptstadt Asmara herrschte damals Sicherheitsstufe 1. Nachts durfte kein einziges Licht brennen. Für mich, der aus einem wohlbehüteten Land kam, war es eine gespenstische Erfahrung. In Deutschland kennt unsere Generation so etwas glücklicherweise nur aus dem Fernseher. Noch bedrückender war, dass einige der eritreischen Kollegen, mit denen ich die Reise unternommen hatte, in diesem Krieg getötet wurden. Das machte mich sehr betroffen, stärkte mich aber auch in meiner Überzeugung, wie wichtig die Unabhängigkeit von endlichen Rohstoffen ist.

Die fünf Wochen in Eritrea sind bis heute die eindrücklichsten Erfahrungen meines Lebens. Wir schauten uns unterschiedliche Strukturen und Dörfer an, um zu sehen, mit welchen Systemen, Größen oder Kombinationen man dort arbeiten könnte. Am Ende wollten wir genau sagen können: Okay, dieses Dorf braucht so und so viel Kilowatt Windkraft oder Photovoltaik.

Ich erinnere mich, wie wir von der auf 2.300 Meter Höhe gelegenen Hauptstadt Asmara auf kaputten Straßen die Serpentinen hinunterfuhren, immer in der Angst, dass uns ein anderes Auto von der Straße drängt. Zwar wurde vor jeder Kurve gehupt, um zu signalisieren, dass jemand kommt, dann aber wurde dennoch in vollem Tempo die Kurve genommen. Man wusste nie, ob ein Auto kam. Man wusste auch nicht, ob ein Felsbrocken hinter der Kurve lag, ob die Straße abgesackt war oder die Hupe eines entgegenkommenden Fahrzeugs tatsächlich funktionierte. Die Anspannung während der

Fahrt war groß. Später fuhren wir dann durch die Wüste. Ab und zu blieben wir stecken und mussten das Auto wieder freischaufeln.

1998 reiste ich als Windexperte nach Eritrea, hier mit meinen eritreischen Kollegen.

Strom nur für Privilegierte

In Asmara hatten wir noch in angenehmer Höhenluft und ohne Moskitos Steaks gegessen und in bequemen Betten geschlafen. Jetzt kamen wir in die Dörfer, hatten nur noch selten Matratzen, geschweige denn Bettgestelle, und meistens schlief ich mit meinem Schlafsack auf dem Boden. So ein Dorf hatte im besten Fall einen Stromgenerator. Den nutzte aber nur der Bürgermeister oder die Gaststätte, die sich den teuren Diesel leisten konnte. Manchmal gab es dort einen Fernseher. In den christlich geprägten Dörfern sah man abends auch Frauen, in den muslimischen Dörfern dagegen nur noch Männer. Ich erinnere mich an ein Dorf, in dem dreißig oder vierzig Männer vor einem Fernseher saßen. Allerdings nur bis 20 Uhr, dann wurde das Stromaggregat aus Kostengründen abgestellt und alle gingen schlafen.

Die Ernährung in den Dörfern war einfach und limitiert. An einem Haken hing eine Ziege, zwar im Schatten, aber da hatte es auch 30 Grad. Von der Ziege schnitt man jeden Tag etwas ab. Das wurde gegrillt und in ein Fladenbrot gelegt. So richtig appetitlich war das nicht, wenn nach ein paar Tagen die Maden und Fliegen im Fleisch zu sehen waren. Selten gab es eine Kartoffel oder eine Tomate dazu. Ich hatte mir in der Hauptstadt ein paar Tütensuppen gekauft. Die Ziege war nichts für mich. Ich machte mir stattdessen ein Erbsensüppchen.

Die Wassersituation war erschreckend. Morgens gab es einen Liter Wasser für sechs, sieben, acht Leute. Damit hat man seine Finger gesäubert, aber nur die rechte Hand. Ansonsten war es für die Körperpflege zu kostbar. Man aß mit der rechten Hand, und mit der linken wischte man sich auf der Toilette den Hintern ab. In einem Ort hatten sie dann gar keinen Dieselgenerator. Wir kamen um 11 Uhr morgens an. Ich hatte mir für die Reise eine Uhr mit Höhenmeter und Temperaturanzeige besorgt. Sie zeigte um die 50 Grad an. Das Dorf lag 100 Meter unter dem Meeresspiegel. Am Nachmittag hatte es sogar 59 Grad. Aber die Kinder spielten ohne Schuhe im Sand. Sie hatten sich offenbar eine solche Hornhaut zugelegt, dass ihnen das nichts ausmachte.

Am Abend fuhren wir in ein etwas höher gelegenes Gebiet, weil es da kälter war, und legten uns zum Schlafen in die Felsen. Ich schaute hoch und sagte zu einem Kollegen: „Du, die Wolken scheinen dicker zu werden. Ich glaube, es regnet bald."

Er lachte mich aus. „Du hast keine Ahnung", sagte er. „Hier regnet es nie."

Zwei Stunden später regnete es.

Für einige Kinder dort war es der erste Regen ihres Lebens.

Am nächsten Tag kamen wir in ein Dorf am Meer, in dem man Fische fing, sie aber nicht kühlen konnte. Ich dachte an das Ziegenfleisch, das bei 30 Grad Celsius aufbewahrt wurde. Und genau darum ging es: Erst einmal bestimmte Gebäude oder Geräte und irgendwann sogar ganze Dörfer zu elektrifizieren, um den Menschen damit neue Möglichkeiten zu schaffen.

Teure Abhängigkeit vom Diesel

Die Kosten für Modultechnologie waren im Jahr 1998 noch etwa zehnmal so teuer wie heute. Der Dieselpreis dagegen ist in der gleichen Zeit um etwa das Dreifache gestiegen. Das zeigt: Die Erneuerbaren Energien werden billiger, fossiler Brennstoff wird teurer. Damit hat sich eine Photovoltaik-Anlage in manchen Fällen bereits in ein bis zwei Jahren gegenüber Dieseltreibstoff amortisiert. Das ist die Entwicklung und daran kann man exemplarisch erkennen, was Zukunft hat und Zukunft bringt.

Doch das wird in Deutschland zu wenig gesehen. Viele denken immer noch an Getreidespenden als Entwicklungshilfe anstatt an Erneuerbare Energien.

Wir beziehen Rohstoffe aus Afrika, wir exportieren in die ganze Welt. Und daher können wir Menschen in einem eritreischen Dorf nicht weiter abhängig machen von einem Treibstoff, den sie immer wieder neu beziehen und immer teurer einkaufen müssen. Diese Abhängigkeit muss beendet werden.

Den etwa zwei Milliarden Menschen auf dem Land, die noch keinen Zugang zu elektrischem Strom und keine Aussicht auf einen Stromanschluss haben, hilft kein Atomkraftwerk, kein Kohlekraftwerk und auch kein Wüstensolarprojekt wie Desertec.

Die Dörfer kann man nicht an ein Großkraftwerk anschließen, das 300 Kilometer entfernt ist. Man müsste Energie importieren und würde die Preise aufgrund der geringen Abnahmemengen pro Dorf auch gar nicht erträglich gestalten können.

Es kann also nur dezentrale Lösungen geben.

Mit solchen Dieselgeneratoren wird der ländliche Raum mit Strom versorgt.

Doch die derzeitige dezentrale Lösung ist keine. Das Betreiben eines Dieselaggregats ist so teuer, dass es sich kaum einer leisten kann. Der Diesel muss zudem von weit her über sehr schlechte Straßen an entlegene Orte transportiert werden. Wenn der Ölpreis steigt, wird bereits der Transport unbezahlbar, weil die LKW ja auch Diesel verbrauchen. Die Anschaffung und Installation einer Photovoltaik-Anlage mit Batteriespeicher kostet genauso viel wie eine Dieselfüllung im ganzen Jahr. Doch während der Diesel nach einem Jahr verbrannt ist, läuft die Solaranlage dann noch zwanzig bis dreißig Jahre. Praktisch kostenlos und unabhängig von Dieseltransporten und dem Weltmarktpreis für diesen endlichen Rohstoff.

Die Menschen brauchen Hilfe zur Selbsthilfe. Und das geht eben nur, wenn die Anfangsinvestitionen sehr gering sind. Das geht nur mit einfachen modularen Möglichkeiten. Hier zeigt sich deutlich die globale soziale Dimension des Erneuerbare-Energien-Gesetzes: Sie hat Solartechnologie weltweit bezahlbar gemacht.

Auch 1998 gab es schon Solartechnologie in Eritrea. Damals allerdings noch unbezahlbar.

Erneuerbares Musterland Costa Rica

juwi hat heute in zahlreichen Ländern Niederlassungen. Dazu gehören unter anderem Italien, Polen, Frankreich, Großbritannien, Indien, Singapur, Südafrika, Chile und die USA. Begonnen hat alles mit einer ausländischen Nummer auf dem Display und einer Landesvorwahl, die ich noch nie zuvor gesehen hatte.

Ich nahm ab.

Die Stimme am anderen Ende sagte: „Kann ich mal den Chef sprechen?" „Am Apparat."

Die Stimme: „Können Sie mich zum Chef durchstellen?" „Hier spricht der Chef." Es dauerte dann noch ein paar Sekunden, bis die Stimme überzeugt war, dass dieser Chef direkt am Telefon war und nicht von einem Sekretariat geschützt wurde. Es war ein Deutscher, der aus Costa Rica anrief und sagte, er wolle dort unser Mittelsmann werden und dass wir uns deshalb treffen sollten.

Ich sagte: „Interessant, aber ich fahre doch jetzt nicht einfach nach Costa Rica." Das war im Jahr 2000 und wir hatten jetzt öfter Anrufe aus dem Ausland, etwa aus Griechenland und der Türkei. Von Leuten, die uns ein Projekt vermitteln wollten und dafür sofort einen Vorschuss forderten. Sie hatten vielleicht einen Pachtvertrag, aber keine Rechtsansprüche und keine Genehmigung. Aber sie rechneten schon einmal genau ab, was sie für ihre Mühen bekommen sollten. Das verpackten sie so geschickt, dass man es nicht sofort merken sollte. Es ging ihnen allein um ihren sofortigen Verdienst und nicht um eine Entlohnung für einen tatsächlich zustande gekommenen Auftrag.

Das war bei dem Mann aus Costa Rica anders und das fand ich sympathisch und vertrauenswürdig. Und so flog ich nach Sichtung der Unterlagen, anstatt in den Urlaub zu fahren, ohne ein Wort Spanisch zu sprechen nach San José, der Hauptstadt Costa Ricas, und traf mich mit ihm. Heute ist juwi Energías Renovables in Costa Rica bei uns nicht nur für das Land, sondern für die gesamte Region Zentralamerika und die Karibik zuständig.

Damals ging es erst einmal darum, eine Machbarkeitsstudie durchzuführen – was wir dann auch taten. In einer Machbarkeitsstudie soll dargestellt werden, ob und in welcher Form an einem Standort ein Windpark möglich ist. Wir hatten in unserer Studie jedoch einen formalen Fehler, tatsächlich hatten wir ein falsches Datum angegeben. So kam es, dass man sich für einen anderen Wettbewerber entschied. Aber ich fand das Land und die Bedingungen interessant und so blieben wir in Costa Rica aktiv. Ich flog noch zweimal hin, baute einen Mast auf, tauschte ohne Sicherung ein Windmessgerät in 30 Metern Höhe aus, marschierte auf Hügel, auf die man mit einem Auto nicht hinaufkam. Costa Rica hat mich einfach sehr gereizt. 2006 beteiligten wir uns dann an der Ausschreibung für den 50-Megawatt-Windpark Planta Eólica Guanacaste.

Um endlich die Sprache sprechen zu können, hatte ich mir extra einen Spanischlehrer besorgt, einen kolumbianischen Bauingenieur namens Alejandro, der in Deutschland studiert hatte. Dann kam die Ausschreibung, und statt mir Spanisch beizubringen, half er mir mit der Ausschreibung. Wir gewannen und Alejandro ist mittlerweile Geschäftsführer von juwi Chile. Die Windverhältnisse bei diesem

Projekt sind so gut, dass die 55 Windräder heute teilweise wochen-lang mit voller Leistung produzieren – und zwar so viel Strom, wie ihn 70.000 Haushalte verbrauchen.

Ironischerweise gewannen wir dann 2010 die Ausschreibung für den Bau des ersten Windparks, bei dem wir fast ein Jahrzehnt zuvor die Machbarkeitsstudie verloren hatten. Dass sich die Sache so lange hinzog, liegt wohl daran, dass das meistbenutzte Wort in Lateinamerika „mañana" zu sein scheint – was „morgen" bedeutet, faktisch aber „irgendwann" meint.

Wir projektierten den Windpark zusammen mit zwei lokalen Part-nern. Der Park liegt auf 1.800 Metern Höhe in der Nähe von Santa Ana, das ist eine Art Vorort der Hauptstadt San José und liegt in den grünen Bergen des Valle Central. In der Höhe weht richtig viel Wind. Die 17 Windräder dort produzieren so viel Strom, wie ihn 15.000 Haushalte in einem Jahr verbrauchen.

Ende 2012 weihten wir im Beisein von Costa Ricas Präsidentin Laura Chinchilla die Anlage offiziell ein. Der Windpark hat also auch eine nationale Bedeutung.

Für mich der schönste Windpark der Welt. Windkraftanlagen im Park Planta Eólica Guanacaste.

Costa Rica zählt 4,5 Millionen Einwohner und hat etwa die Größe Niedersachsens. Das Land hat keine Armee, aber eine stabile Demo-kratie und eine hohe Lebenserwartung. Es ist der interessante Fall eines Landes, das nach den Erfahrungen der ersten Ölkrise bereits in den Siebzigerjahren sehr entschlossen auf Erneuerbare Energien setzte und seinen Strombedarf heute zu über 95 Prozent aus regenerativen Quellen schöpft. Den Hauptanteil von etwa 80 Prozent leistet dabei die Wasserkraft. Geothermie und Wind steuern jeweils etwa acht Prozent bei. Costa Rica hat hervorragende Windverhältnisse. Mit der Nutzung von Windenergie beschäftigt man sich seit den Achtzigerjahren und ist daher führend in Zentralamerika. Atomkraftwerke gibt es dagegen nicht.

Costa Rica ist ein echtes Vorbild für den Kontinent. Es hat seinen Strompreis im Gegensatz zu seinen Nachbarstaaten Panama und Nicaragua weitgehend unabhängig vom Ölpreis gemacht – aber eben nur weitgehend. Costa Rica könnte ohne Probleme längst bei 100 Prozent Erneuerbaren sein.

Allerdings baute man vor zehn Jahren – zu einer Zeit, als Diesel noch billig war – große Dieselkraftwerke. So hat man es versäumt, sich vollständig unabhängig vom Ölpreis zu machen. Dabei hat Costa Rica überragende Ressourcen bei Wind und Wasser. Doch auf der Suche nach schnell verfügbarer Energie ging man davon aus, dass der Ölpreis nur moderat ansteigen würde. Vermutlich hatte man da auf die falschen Einflüsterungen der Ölkonzerne gehört. Tatsächlich hätte man auch einen Windpark bauen können. Damals kostete eine mit Diesel erzeugte Kilowattstunde Strom etwa gleich viel wie eine aus dem Windpark. Heute ist Dieselaggregatstrom drei- bis viermal so teuer wie Windenergie.

Das mag in Costa Rica angesichts der positiven Gesamtsituation noch angehen, in Afrika macht es einen dramatischen Unterschied. Mit bezahlbaren Solarpanels statt teuren Dieselaggregaten kann man in Afrika einzelne Hütten, Häuser, Schulen, kleinere Gewerbegebiete und Rathäuser versorgen.

Je schneller wir es schaffen, noch günstigere Solarmodule zu produzieren, desto schneller entstehen dort neue Geschäftsmodelle und damit Chancen, Geld zu verdienen und die eigenen Kinder zu ernähren.

Mit LED-Lampen statt Glühbirnen hat man einen deutlich geringeren Verbrauch und kann mit einem Photovoltaik-Modul ganze Hütten beleuchten. Damit könnte man zudem die gesundheitsgefährdenden Petroleumlampen ersetzen, die bisher noch vielerorts zum Einsatz kommen. Man merkt erst vor Ort, wie sehr fehlende Elektrizität und damit fehlendes Licht das Leben einschränken. Als ich in Eritrea war, wurde es schon kurz nach sechs Uhr abends schlagartig dunkel. Ohne künstliches Licht ist der Tag dann zu Ende.

So kann man zum Beispiel am Abend nicht lesen. Die Bildung stockt, die Menschen haben keine Chance, gute Jobs zu bekommen und das Land aus eigener Kraft zu entwickeln. Mit Solarstrom kann man Kühlschränke betreiben, um Nahrung frisch zu halten oder Medikamente zu lagern. Man kann Wasserpumpen für sauberes Wasser betreiben, man kann Computer und Mobiltelefone aufladen.

Solarenergie ist eine große Chance für die gesamte Menschheit – und insbesondere für unterentwickelte Regionen. Sie ist ein unschätzbarer sozialer, wirtschaftlicher und kultureller Wert.

6

Die 100%-Vision

Ich habe mich geirrt – der vollständige Umstieg auf Erneuerbare geht schneller, als ich dachte

Schon vor vielen tausend Jahren haben Menschen erkannt, dass man nicht jedes Korn einer Weizenähre essen darf. Man muss von jedem Kolben etwas zurückbehalten, um es wieder in die Erde zu pflanzen und so auch künftig etwas davon zu haben. Genauso ist es jetzt mit den Erneuerbaren. Wenn wir jetzt etwas pflanzen, werden wir künftig mehr haben. Diese Investition wird sehr, sehr große Früchte tragen.

Nun kommen aber immer wieder Politiker wie der EU-Kommissar Günther Oettinger (CDU) und sagen, es wäre unklug von Deutschland, auf saubere Stromproduktion umzusteigen. Das sei zu teuer und dadurch würde unsere Industrie von der Weltwirtschaft abgehängt, sie wäre nicht mehr wettbewerbsfähig und am Ende wären wir alle erledigt.
Das hört sich zunächst einmal so an, als könnte es richtig sein. In Wahrheit ist das Gegenteil richtig. Wir sind heute an einem Punkt angelangt, an dem Deutschland eine Vorreiterrolle übernommen hat und tatsächlich die weltweite Energiewende beeinflussen kann. Wenn wir auf die stetige Weiterentwicklung der Erneuerbaren setzen, behalten wir die Technologieführerschaft. Dann können wir unser Know-how exportieren und so die deutsche Wirtschaft weiter voranbringen. Und zuhause haben wir bereits den günstigen Strom.
Bei allen Widerständen gegen die Energiewende gibt es immerhin einen großen Fortschritt im Vergleich zu früheren Zeiten: Es wird im Grunde nicht mehr bezweifelt, dass die Energiewende machbar ist. Der Streit dreht sich jetzt darum, wie sie am besten umgesetzt werden kann.
Es war ein harter Weg, dahin zu kommen. Im Herbst 1998 war ich bei einer Windenergietagung in Wilhelmshaven.

Ich weiß noch, wie ich sagte: „Wir schaffen fünf Prozent in fünf Jahren."

Damals behaupteten die Windenergiegegner noch, dass es unmöglich sei, mehr als ein bis zwei Prozent des benötigten Stroms mit Wind zu erzeugen.

Sogar drei junge Windenergieforscher aus Darmstadt wetteten dagegen.

Daran kann man sehen, wie sehr die Argumente gegen Windstrom damals noch verfingen.

Mantra der Verhinderer: Wo soll der Strom herkommen?

Von jedem der drei Darmstädter bekam ich ein paar Jahre später eine Kiste Sekt.

Aber auch damals waren wir gesellschaftlich noch weit entfernt davon anzuerkennen, dass eine Vollversorgung mit Erneuerbaren Energien möglich ist.

Immer wenn es darum ging, neue Kohlekraftwerke zu rechtfertigen, wurde gesagt: Wie sollen wir denn sonst die Energieversorgung sicherstellen?

Als die Städte Mainz und Wiesbaden zusammen ein Kohlekraftwerk bauen wollten und es großen Protest dagegen gab, kam der damalige Umweltminister und heutige SPD-Parteivorsitzende Sigmar Gabriel nach Mainz. Auch er sagte zur Verteidigung des Projekts sinngemäß: „35 Prozent Erneuerbare ist ja schön und gut, aber wo sollen die restlichen 65 Prozent denn herkommen?" Wie bereits erwähnt, wurde das Kohlekraftwerk 2009 bei den Kommunalwahlen vom Bürger de facto abgewählt und die SPD in Mainz musste ihre Kohlepolitik revidieren. Aber das war stets ein Mantra der Verhinderer: Wo sollen denn die anderen so und so viel Prozent herkommen?

Nur dass diese Zahl immer kleiner wurde.

Deshalb war es so wichtig aufzuzeigen, dass 100 Prozent technisch möglich sind und wir das tatsächlich schaffen können. Das war jahrelang in meinem Kopf, bis 2006 habe ich es aber nie ausgesprochen. Dann gab es einen Workshop der Zukunftsinitiative Rheinland-Pfalz mit Vertretern aus Wissenschaft und Wirtschaft. Die Teilnehmer sollten die Energieversorgung im Jahr 2030 visionär skizzieren. Zwei Tage lang wurden in Gruppen Szenarien entworfen.

Die wurden dann auch vorgestellt, aber es waren keine Visionen. Ich war sehr enttäuscht, weil ich dachte: Das ist doch kein Quantensprung, das setzt man doch in zwei, drei Jahren um.

Ich bin dann mit meiner Gruppe etwas provozierend nach vorne gegangen und habe gesagt, dass das alles gut und schön sei, aber doch keine Energievision der Zukunft. Eine echte Vision sei, dass wir uns 2030 komplett mit Erneuerbaren versorgen könnten. Das sei technisch möglich und das sollten wir versuchen. Zu der Zeit wurden in Mannheim, im Saarland, in der Nähe von Frankfurt, in Mainz und in ganz Deutschland neue Kohlekraftwerke geplant. Es war mir wichtig, klarzumachen, dass wir das künftig auch ohne Kohle- und Atomkraft hinbekommen.

Einige applaudierten, aber die meisten sahen mich einfach nur irritiert an: Was erzählt er uns da jetzt? Dann sprang ein Mitarbeiter von der Industrie- und Handelskammer Koblenz auf und rief: „Alles Traumtänzer und Spinner, die glauben, dass wir uns mit Erneuerbaren Energien versorgen könnten. Wir können in Rheinland-Pfalz maximal 20 Prozent Erneuerbare erreichen."

Ich sagte: „Das haben wir doch in ein paar Jahren bereits erreicht." Er hüpfte wie ein Rumpelstilzchen, rannte von seinem Platz nach vorn und schrie: „Wir brauchen Versorgungssicherheit, wir brauchen bezahlbaren Strom, wir haben nicht genügend Ressourcen, deshalb brauchen wir definitiv die konventionellen Kraftwerke."

Er schrie noch, dass Solarenergie sowieso nicht wirtschaftlich werden könne und niemals mit Haushaltsstrom mithalten könne. Das Argument kam auch immer. Wir diskutierten dann voller Ernst und voller Emotion, bis wir uns fast an den Kragen gingen. Heute kostet Solarstrom die Hälfte des Stromes aus der Steckdose.

Dass sich Menschen diese Zukunft überhaupt nicht vorstellen konnten, war eine große Motivation für mich. Ich sah sie ja längst vor mir. Und ich erfuhr ein ums andere Mal, dass die Skeptiker sich schon bald darauf in meine Richtung revidieren mussten. Heute, im Jahr 2013, haben wir bundesweit längst 25 Prozent Erneuerbare Energien bei der Stromversorgung erreicht.

Die Zukunft im Blick

Ich war damals gerade auf dem Weg nach Costa Rica und hatte eine Zwischenlandung in Venezuela. Dort fuhr ich an den Strand, saß den ganzen Tag da und versuchte zu skizzieren, wie eine Komplettversorgung mit Erneuerbaren konkret aussehen könnte. Nach zehn Stunden hatten ich einen riesigen Sonnenbrand an den Füßen. Aber dafür stand ein Konzept, das ich nach meiner Rückkehr mit meinem Kollegen Christian Hinsch, unserem Leiter der Unternehmenskommunikation, ausformulierte: „Die 100%-Vision." Es entstand eine fast hundertseitige Studie und eine Homepage.

Das Konzept wurde publiziert und mit der Lokal- und Landespolitik diskutiert. Es gab noch zwei weitere Bundesländer, für die wir ein Konzept erstellten: das Saarland und Hessen. Der 2010 verstorbene Hermann Scheer, zu dieser Zeit wichtigster parlamentarische Fürsprecher und Förderer des Ausbaus der Erneuerbaren Energien, war damals Schattenminister der SPD-Spitzenkandidatin Andrea Ypsilanti im hessischen Landeswahlkampf. Er ließ sich von mir ein Konzept für die technische Umsetzbarkeit einer 100-prozentigen Energiewende erstellen, die er nach der gewonnenen Wahl umsetzen wollte.

Dazu kam es bekanntlich nicht.

Scheer hat die Studie auch einfließen lassen in sein Vermächtnis „Der energEthische Imperativ." Wir haben zudem zusammen bei Carl F. Fechners Film „Energieautonomie" mitgewirkt und uns während der Dreharbeiten mehrere Tage ausgetauscht und voneinander profitiert. Ich war auf jeden Fall fasziniert von seinem Intellekt, seinen scharfen Gedanken und großen Entwürfen. Und ich hoffe, er im Gegenzug von meiner Praxisbezogenheit.

Die 100-Prozent-Studien zeigen, dass es entgegen den Argumenten der Gegenseite eben nicht Millionen Windräder braucht, um eine Vollversorgung mit Erneuerbaren Energien hinzubekommen, sondern nicht mehr als heute. Sie zeigen auch, dass es sehr wohl genug nutzbare Fläche für Windparks gibt – dass man tatsächlich nur einen Bruchteil der Flächen dafür braucht.

Sie zeigen, dass es geht und dass es beileibe kein Hexenwerk ist. Und sie skizzieren, wie Bürger und Kommunen von der Energiewende profitieren – und zwar sehr wohl auch ökonomisch.

In Frankfurt stellte ich die Studie einmal auf Einladung des Vereins Deutscher Ingenieure (vdi) vor rund hundert Ingenieuren vor. Nach meinem Vortrag kam selbstverständlich als erstes die obligatorische

Frage: „Was macht ihr, wenn der Wind nicht weht?" Irgendwann stand einer der Ingenieure auf und sagte schneidend: „Wie kann man denn nur so einen Menschen zu uns einladen?"
Ich antwortete ruhig, dass ich sehr gerne in so einer Runde spräche, die nicht überzeugt sei, um mit meinen Argumenten einige im Saal zumindest zum Nachdenken zu bringen.
Erst klatschten zwei, drei, am Ende der ganze Saal.

Regionen werden Selbstversorger

Im Gegensatz zu dem, was ich 2006 und 2007 anteilig vorsah, würde ich heute weniger Geothermie und mehr Wind nutzen. Nach meinen seitherigen Erfahrungen und Erkenntnissen wird es Geothermie sehr schwer haben, den Durchbruch zu schaffen. Wind kann durch das Repowering alter Anlagen durch neue deutlich mehr zur Energiewende beitragen. Wesentlich ist, dass wir Windkraft mit einer möglichst hohen Volllast nutzen können, denn dann ist die Schwankungsbreite zwischen geringer und maximaler Leistung der Anlage deutlich geringer. Diese Verstetigung der Einspeisung ist wichtig, um die Speicherung möglichst zu vermeiden. Denn bisher dreht sich bei der Frage der Machbarkeit alles um die Speicherung. Solar kann sogar viel mehr beitragen, als ich ursprünglich dachte. Und man kann den Verbrauch sehr viel stärker nach den Erzeugungsspitzen ausrichten und mehr Wärme aus Strom gewinnen.
Damals dachte ich noch, es müsse viel mehr gespeichert werden.
Trotz der kleinen Abweichungen: Vieles, was wir in der Studie erarbeitet hatten, gilt auch heute noch.
Heute gibt es viele Regionen, die bilanziell 100 Prozent überschritten haben. Das heißt, im Jahressaldo wird mehr eigener Strom exportiert als fremder Strom importiert. Über 130 Landkreise, Regionalverbände, Gemeinden und Städte in Deutschland streben offiziell das 100-Prozent-Ziel an. Tendenz steigend. Daran hat sicher auch unsere Studie einen kleinen Anteil und das freut mich. Der Rhein-Hunsrück-Kreis etwa, im Norden von Rheinland-Pfalz gelegen, musste früher fast seinen gesamten Energiebedarf importieren. Der Landkreis zählt 103.000 Einwohner und gilt als strukturschwach. Keine Großindustrie und daher auch wenig Steuereinnahmen. Seinen eigenen Strom selbst zu produzieren, anstatt ihn zu importieren und damit große Summen aus dem Land abfließen zu lassen, ist für den dortigen Landrat Bertram Fleck ein „Dauerkonjunkturprogramm". Sein Argument: „Warum das Geld Putin geben oder nach

Saudi-Arabien abfließen lassen?" Die Mittelgebirgslage des Huns-
rücks ist wie gemacht für die Windkraft. Ende 2013 will Fleck über
150 Prozent der benötigten Energie erneuerbar im Landkreis produzieren und so zum Stromexporteur werden. Fleck ist übrigens bei
der CDU, was zeigt, dass Energiepolitik und die regionale Energiewende keine Sache von links oder rechts ist.
Überhaupt gibt es in CDU und CSU und auch in der FDP eine ganze
Reihe engagierter Politiker, die in einem unausgesprochenen Wider-
spruch zur derzeitigen Mehrheitsposition ihrer Partei die dezentrale
Energiewende voranbringen. Das betrifft vor allem die kommunale
Ebene, teils aber auch die Landes- und Bundesebene, und das ist
sehr wichtig. Der CSU-Bundestagsabgeordnete Josef Göppel etwa
ist ein großer Unterstützer der bayerischen Energiegenossenschaf-
ten und sicherlich einer der herausragenden Energiepolitiker in
Deutschland.

Die Morbacher Energielandschaft

Auch eine Hunsrückgemeinde in der Nähe von Trier hat sich zu
einem Vorzeigemodell für regenerative Energien entwickelt: das
etwa 11.000 Einwohner zählende Morbach. Oberhalb des Ortes
befand sich von 1957 bis 1995 das größte Waffenlager der US-
amerikanischen Streitkräfte außerhalb Amerikas. Nach Abzug des
Militärs Mitte der Neunzigerjahre ging das rund 150 Hektar große
Gelände wieder in den Besitz der Gemeinde über. Nach mehreren
erfolglosen Versuchen, auf dem Gelände Gewerbe, Industriebetriebe
oder Freizeiteinrichtungen zu etablieren, entstand unter der Leitung
von Bürgermeister Gregor Eibes (CDU) die Idee der „Morbacher
Energielandschaft". Gemeint war damit die Nutzung von Windkraft,
Photovoltaik und Biomasse als Gesamtverbund – was in dieser Form
zur Zeit der Realisierung der Landschaft einmalig war.
In der Morbacher Energielandschaft wurden bereits Anfang dieses
Jahrtausends 14 Windräder, eine Photovoltaikanlage sowie eine Bio-
gasanlage und ein Holzpelletswerk errichtet. Und zwar unter großer
Zustimmung der gesamten Bevölkerung. Deshalb konnte die Energie-
landschaft in den Jahren darauf kontinuierlich weiterentwickelt
werden.
Morbachs erklärtes Ziel ist es, bis 2020 eine energieautarke
Gemeinde in den Bereichen Strom, Wärme und Mobilität auf Basis
Erneuerbarer Energien zu werden. Im Stromsektor deckt Morbach
den Jahresbedarf der Haushalte und Gewerbebetriebe durch

Erneuerbare Energien längst ab. Die Gemeinde profitiert von den regenerativen Energieanlagen vor allem durch Einnahmen, die sie aus der Verpachtung der Standorte an die Anlagenbetreiber erzielt. Zu diesen Betreibern zählen neben Einzelinvestoren und der Pfalzwind GmbH auch zahlreiche Bürger aus der Region, die sich im Rahmen eines Bürgerwindrades an einer Kommanditgesellschaft beteiligt haben. Die Gemeinde erhält dafür insgesamt einen sechsstelligen Betrag an Pacht – das sind etwa fünf Prozent der aus dem Stromverkauf erzielten Umsätze. Eine weitere lukrative Einnahmequelle für Morbach ist die Gewerbesteuer.

Der Gemeinde Morbach ist es somit gelungen, durch eine konsequente Unterstützung der Erneuerbaren Energien finanzielle Vorteile für den kommunalen Haushalt zu generieren. Zudem ist das breite Engagement in der Gemeinde ein wesentlicher Grund für die hohe Akzeptanz der Windräder vor Ort. Da die Morbacher Energielandschaft ein Vorbild für die Energiewende ist, zieht sie viele tausend Touristen im Jahr an. Der Tourismus bildet also eine weitere Einnahmequelle für die Gemeinde.

Ich erwähne die Beispiele in dieser Ausführlichkeit, weil sie übertragbar sind auf andere Kreise, Gemeinden und Städte in Deutschland. Wenn die kommunalen Entscheidungsträger abwägen, ob sie sich für Erneuerbare Energien vor Ort einsetzen sollen, sprechen folgende Aspekte dafür: günstige und stabile Strompreise, mehr Versorgungssicherheit, Milliardeninvestitionen in eine Zukunftstechnologie und neue Arbeitsplätze. Das alles stärkt die regionale Wertschöpfung und bietet eine neue Perspektive vor allem für die Menschen im ländlichen Raum.

Geld in der Gemeinde halten

Ein weiteres Beispiel ist die Verbandsgemeinde Wörrstadt, in der juwi seinen Firmensitz hat. Wörrstadt möchte seinen gesamten Energiebedarf bis 2017 zu 100 Prozent aus Erneuerbaren Energien decken. Die Verbandsgemeinde mit ihren fast 30.000 Einwohnern ist die erste deutsche Kommune, die ihren Windstrom direkt bezieht – mit einem juwi-Pilotprojekt. Bürgermeister Markus Conrad (CDU) hat dafür ein gemeindeeigenes Windrad erworben. Es erzeugt sechs Millionen Kilowattstunden Strom pro Jahr, womit die Verbandsgemeinde ihre eigenen Liegenschaften mit Strom versorgt – und es bleibt trotzdem noch etwas übrig. Zudem verpachtet sie Dächer zur Nutzung von Photovoltaik, etwa das Dach der

Schulsporthalle oder der Grundschule. Auch hier ist die Idee: Das Geld in der Gemeinde halten oder in die Gemeinde bringen. In Wörrstadt setzt man seit 2007 entschlossen auf Erneuerbare. Das wird auch von Ernst Walter Görisch (SPD) unterstützt, dem Landrat unseres Landkreises Alzey-Worms.

Mitte bis Ende der 2000er Jahre ging es grundsätzlich aber immer noch darum, zu verdeutlichen, dass die Energiewende machbar ist. Um Aufmerksamkeit zu erzielen, hatte ich Veranstaltungen organisiert, Vorträge gehalten – und zudem eine Reihe von Accessoires entwickelt, die auf die 100 Prozent hinweisen sollten.

Kurt Beck war sichtlich beeindruckt von der 100%-Vision.

2009 bekamen wir einen Preis der Wirtschaftsjunioren und ich sollte ihn entgegennehmen. Nun hatten wir zwar T-Shirts mit der Aufschrift „100 Prozent", doch es war ein Ball mit Anzugpflicht. Ich wollte aber trotzdem die Botschaft auch visuell ausdrücken und so entstand eine orangefarbene Krawatte mit der aufgestickten Aufschrift: 100 Prozent erneuerbar. Die trug ich dann bei der Veranstaltung. Sie wurde in der Folge nur noch „die 100-Prozent-Krawatte" genannt und fand einige Nachahmer, zuvorderst den Landrat Bertram Fleck, der im Zuge des Ausbaus der Erneuerbaren im Rhein-Hunsrück-Kreis dann sogar auf eine „100-plus-Krawatte" umstieg. Das klingt vielleicht banal, aber die Krawatte sorgte einige Jahre für Gesprächsstoff und war sehr hilfreich, um mit Menschen über das Thema ins Gespräch zu kommen. Sogar mit Ministerpräsidenten.

Krawatte sorgt für Gesprächsstoff

Zwei, drei Wochen später kam der damalige rheinland-pfälzische Ministerpräsident Kurt Beck zu uns auf den Schneebergerhof. Er war auf Pressereise durch sein Bundesland und wir sollten ihm in der Nähe unseres Bauernhofes Wind- und Sonnenergie vorführen. Ich trug selbstverständlich meine 100-Prozent-Krawatte. Als die Journalisten dann erwartungsgemäß fragten, was das solle, erklärte ich es ihnen gern. Und dann gingen sie zu Kurt Beck und fragten ihn, ob 100 Prozent bis 2030 nicht auch ein Ziel für ihn sein könnte. Beck lächelte und sagte, so schnell ginge das ja nun nicht mit dem Umstieg auf Erneuerbare, es brauche schon auch noch Kohle und Gas.
Aber er sagte auch: „Es muss ja auch junge Menschen mit Visionen geben."
Immerhin: Die Krawatte stieß die Diskussion an.
Und gerade einmal zwei Jahre später – nach der Katastrophe von Fukushima und der Wahl einer rot-grünen Koalition bei der rheinland-pfälzischen Landtagswahl 2011 – steht im Koalitionsvertrag: 100 Prozent erneuerbar bis 2030. Rheinland-Pfalz ist überzeugt, dass der Anstieg der globalen Durchschnittstemperatur auf 2 Grad Celsius begrenzt werden muss. Um das zu schaffen, müssen unsere CO_2-Emissionen bis 2050 um 90 Prozent gegenüber 1990 gesenkt werden und bis 2020 um 40 Prozent. Kohlekraftwerken erteilt der Koalitionsvertrag eine Absage.
Die Motivation, Stromexportland zu werden und Wertschöpfung in den Regionen zu schaffen, ist groß – und zwar über alle Parteigren-

zen hinweg. Sie ist so groß, dass das Ziel sogar schneller erreicht werde könnte. Das sieht man am Ausbau der Windkraft, bei dem Rheinland-Pfalz führendes Binnenland ist und den man bis 2020 verfünffachen möchte. „Das Land", heißt es beim Wirtschafts-, Klimaschutz- und Energieministerium, „unterstützt aktiv den Prozess der Dezentralisierung der Energieversorgung."

Wenn ich heute eine Rede halte, sage ich: Meine sehr verehrten Damen und Herren, ich muss zugeben, ich habe mich damals geirrt.
Allerdings nicht in der Frage der 100 Prozent, sondern bei der Jahreszahl. Die Wende könnte jetzt sogar schneller kommen, als ich damals dachte. Das hätte ich bei dem zuvor erwähnten Workshop trotz meines vehementen Plädoyers nicht geglaubt, dass das Umdenken so schnell gehen kann. Das Bundesland Schleswig-Holstein will die 100 Prozent bereits bis 2020 erreicht haben.
Der rheinland-pfälzische Koalitionsvertrag von 2011 war so gesehen für mich wie ein wahr gewordener Traum. Umso härter war dann das Aufwachen in Merkels Republik der verschleppten Energiewende. Doch mein Traum bezieht sich nicht nur auf die Erzeugung von sauberem Strom, es gibt so viele kleine Komponenten, die wichtig sind. Es ist auch wichtig, dass wir die Art und Weise verändern, wie wir uns fortbewegen. Das Auto muss neu erfunden werden.

7

Die Neuerfindung des Autos

Warum wir Erneuerbare Energien auch bei der Mobilität brauchen

Meinen ersten Tesla sah ich 2007 in Kalifornien. Es war der Tesla Roadster, der in dem Jahr auf den Markt kam – der erste von einer Lithium-Ionen-Batterie angetriebene Sportwagen, der elektrisch eine Reichweite von über 300 Kilometern hat. Ich war damals auf einer Ökosolar-Messe in San Francisco und nutzte die Gelegenheit, bei dem Solarmodul-Hersteller Nanosolar vorbeizuschauen, dessen Firmensitz in San Jose ist, am südlichen Ende der San Francisco Bay. Das Hauptquartier von Tesla befindet sich in Palo Alto, das liegt auf dem Weg von San Francisco nach San Jose. Und so machte ich einen Abstecher zu Tesla und war sofort eingenommen von dem Auto. Als Tesla dann im Juli 2008 einen Showroom eröffnete, fünf Minuten vom Stadtzentrum von Palo Alto und der renommierten Stanford University entfernt, war ich eingeladen. Bei dieser Gelegenheit lernte ich Elon Musk kennen.

Musk ist Jahrgang 1971 und hat Tesla 2003 gegründet. Zuvor hatte er als Start-up-Unternehmer ein Online-Bezahlsystem entwickelt. Das Unternehmen fusionierte später mit PayPal und wurde Anfang des Jahrtausends an eBay für 1,5 Milliarden Dollar verkauft. Musks Anteil betrug 11,7 Prozent bzw. 175 Millionen Dollar. Damit gründete er drei neue Firmen: eine Raumfahrtfirma, ein Solarunternehmen, das Solarpanels produziert und installiert – und Tesla.

Ich habe Musk als schnellen, unruhigen, kompetenten Typen kennengelernt.

Einerseits finde ich ihn faszinierend, andererseits ist er fundamental anders als ich. Musk hat, typisch amerikanisch, eine Firma hochgezogen, um sie dann für möglichst viel Geld zu verkaufen. Das interessiert mich nicht. Ich würde auch keine Raketenfirma gründen, um den Tourismus auf andere Planeten als neuen Markt für Reiche zu besetzen. Das erscheint mir nicht wirklich dringlich.

Bei der Veranstaltung in Palo Alto fragte ich Musk, ob es eine Möglichkeit gebe, sofort ein Auto von ihm zu bekommen. Er sagte: „Das geht gar nicht."

Tesla befand sich damals noch nicht in der Auslieferung und hatte eine lange Warteliste.

Ich fragte: „Wie viele Autos habt ihr denn in Europa schon verkauft?" Er antwortete: „Unser Ziel ist erst einmal zweihundertfünfzig Stück. Hundert sind schon verkauft."

Ich sagte: „Ich kaufe dir zehn weitere ab, Elon, wenn du einen sofort lieferst."

Damit stand der Deal und ich bekam dann tatsächlich innerhalb eines Monats einen Tesla Roadster.

Es war der erste Tesla in Deutschland und er war orange.

Die zehn anderen Tesla, die später hinzukamen, haben wir bis auf einen dann weiterverkauft.

Ich brauche keinen Sportwagen als Statussymbol.

Aber ich bin seit langem davon überzeugt, dass vernünftige Mobilität nur elektrisch sein kann, weil das wesentlich effizienter ist. Und zu den Erneuerbaren Energien passt. Deshalb habe ich mir schon 2002 eine etwas bessere Seifenkiste mit E-Motor gekauft – um zu zeigen, dass Elektromobilität die Zukunft ist.

Das Fahrzeug war ein City EL, ein dreirädriges Leichtfahrzeug für eine Person, das bis zu 60 Stundenkilometer schnell sein kann. Damit fuhr ich in Mainz herum. Vor allem kleine Kinder waren davon begeistert. Ein City EL kann auf einem Fahrradparkplatz parken und macht keinen Lärm, und das war dann auch für die Erwachsenen interessant. Später wechselte ich auf ein Twike. Dieses Elektromobil hat ebenfalls drei Räder, aber genügend Platz für zwei Personen. Beide Elektrofahrzeuge sind allerdings nicht für den Massenmarkt geeignet.

Als dann endlich ein richtiges Auto herauskam, war ich zur Stelle.

Das Faszinierende am Tesla: Er konnte 300 Kilometer weit elektrisch fahren.

Es ging mir darum, den Fortschritt möglichst früh auf deutschen Straßen sichtbar zu machen und damit ein Nachdenken anzustoßen.

Deshalb fuhr ich auch für wenige Monate ein Tesla Model S, als das in USA auf den Markt kam.

Um zu zeigen, dass man damit fast 500 Kilometer fahren kann. Der Tesla S ist eine fünfsitzige Limousine, die von Lithium-Ionen-Elektro-

Akkus angetrieben wird, die eine Reichweite von 480 Kilometern ermöglichen sollen – also ein echter Durchbruch gegenüber den anderen E-Reichweiten, die meist zwischen 60 und 150 Kilometern liegen.

Aktuelle Reichweiten von Elektroautos

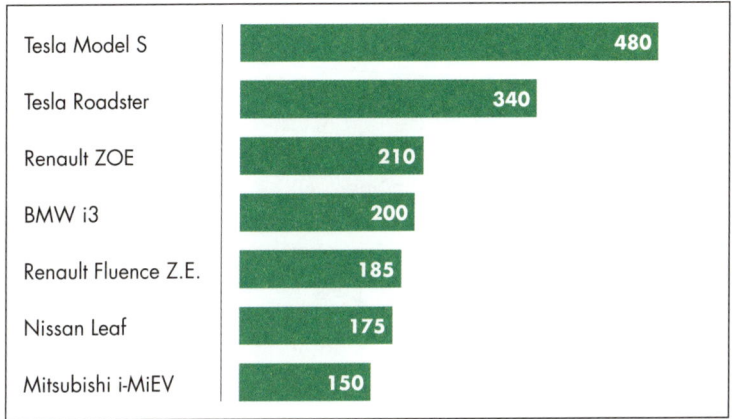

Quelle: VCD Auto-Umweltliste 2012/2013; Herstellerangaben.

Allerdings ist der Tesla noch sehr schwer und sehr teuer. Heutige E-Autos verbrauchen 10 bis 20 Kilowattstunden auf 100 Kilometer bei schonender Fahrweise. Mit optimiertem Gewicht und besserem Luftwiderstand kann sich das auf 5 bis 10 Kilowattstunden verringern. Ein Nissan Leaf speichert derzeit 24 Kilowattstunden, ein A-Klasse E-Cell von Mercedes 36 Kilowattstunden und der Tesla circa 56 Kilowattstunden. Die Batterie eines Tesla wiegt etwa 440 Kilogramm.

Es ist realistisch, dass man das in fünf bis zehn Jahren bei gleichem Speicherinhalt auf 150 Kilogramm reduziert. Weil der Elektromotor viel leichter ist als ein Benzinmotor, kann ein E-Fahrzeug von morgen leichter werden als ein Benziner von heute. Bei einem Verbrauch von 5 Kilowattstunden pro 100 Kilometer könnte man dann 1.000 Kilometer weit fahren. Reichweite wird also in Zukunft kein Thema mehr sein.

Warum ist das so wichtig? Für eine richtige Energiewende braucht es nicht nur eine erneuerbare Stromproduktion, sondern auch eine

erneuerbare Wärmeproduktion sowie eine erneuerbare Energiequelle für unsere Mobilität. Denn deren Anteil am gesamten Energieverbrauch beträgt fast 30 Prozent und wird bisher zum Großteil mit
fossilen Brennstoffen hergestellt. Doch die werden in Zukunft viel zu
teuer sein und für Wichtigeres gebraucht werden, als Autos anzutreiben. Zudem sollte es ein vorrangiges Ziel sein, mit der Mobilität
am Ende null Gramm CO_2 und null Gramm andere gefährliche
Stoffe auszustoßen. Aber Elektromobilität kann noch viel mehr. Sie
wird ein wichtiger und bezahlbarer Baustein bei der Speicherung
Erneuerbarer Energien werden. Sie wird eines Tages das Netz stabilisieren, indem man Millionen E-Fahrzeuge gleichzeitig an das
Netz anschließt: Wenn zu viel Strom produziert wird, wird er in
den Fahrzeugen gepuffert, wird zu wenig Strom produziert, kann
man aus den Autos etwas abziehen. Diese Ausgleichseffekte sind
in Zukunft sehr wichtig.

Die schwarz-gelbe Bundesregierung hat beschlossen, dass bis
2020 eine Million Elektroautos auf deutschen Straßen unterwegs
sein sollen. Sie tut aber fast nichts dafür. In der öffentlichen Wahr-
nehmung dominieren die Argumente gegen Elektroautos: zu teuer,
zu geringe Reichweite, zu lange Ladezeiten. Es stimmt: Der Tesla ist
zu teuer für den Massenmarkt. Aber jetzt geht es darum, die Technologie schnell voranzutreiben, damit sie besser und günstiger wird.
Bekanntlich fahren 95 Prozent aller Autos nicht mehr als 100 Kilometer am Tag. Also könnten 95 Prozent aller Fahrten schon heute
mit einem Elektroauto gemacht werden.
Bei juwi wollen wir perspektivisch unseren rund hundert Fahrzeuge
umfassenden Firmenfuhrpark komplett auf Elektroautos verschiede-
ner Hersteller umstellen.

Und weil unser Unternehmen für nachhaltigen Energiemix mit ver-
schiedenen Erneuerbaren und eben auch für Elektromobilität steht,
wurde ich von der Bundesregierung zum „Gipfel zur Elektromobilität"
eingeladen. Da bin ich seither einige Male mit Kanzlerin Merkel,
ihren Ministern und den Vorständen von Bahn, Siemens, BMW,
Audi, Mercedes und VW zusammengekommen. Wenn Mercedes-
Chef Dieter Zetsche oder VW-Chef Martin Winterkorn dort sagen,
dass es in Deutschland auf absehbare Zeit keine Elektroautos geben werde, die mit einer Akkuladung weiter als 100 oder 150 Kilometer fahren, dann sage ich: „Doch, die gibt es. Ich habe selbst
schon eines gefahren."

Aber es geht voran: Ab Herbst 2013 können wir endlich auch deutsche Fahrzeuge in unseren Fuhrpark integrieren. Ich selbst werde auf den BMW i3 umsteigen. Es ist ein deutsches Fahrzeug, das ist gut für unsere Wertschöpfung. Der BMW i3 ist aus kohlefaserverstärktem Kunststoff und Aluminium, was sein Gewicht deutlich reduziert. Er hat wenig Rollwiderstand und eine gute Aerodynamik. BMW hat erkannt, dass die Elektromobilität die wahrscheinlichste Zukunft ist – und möchte hier neue Maßstäbe setzen.

Doch solange es die deutlich leichteren und besseren Fahrzeuge der Zukunft noch nicht gibt, muss man zu den heutigen Bedingungen Möglichkeiten nutzen, die Reichweiten zu erhöhen. Die einfachste Methode ist es, eine größere oder eine zusätzliche Batterie einzubauen. Dann erhöht sich aber auch das Gewicht des Fahrzeugs. Die zweite, bereits existierende Möglichkeit ist der sogenannte Range Extender. Ein Beispiel dafür ist der Opel Ampera, den wir auch im juwi-Fuhrpark haben. Dessen Elektromotor ist mit 87 Kilometern Reichweite angegeben.

Mein Vorstandskollege Martin fährt täglich mit dem Ampera die 50 Kilometer von Frankfurt zur Arbeit nach Wörrstadt und kann dabei rein elektrisch fahren, weil er zuhause und bei uns auflädt. Für längere Distanzen hat der Ampera einen benzinbetriebenen Bordgenerator, der Strom produziert, um die Reichweite auf über 500 Kilometer zu verlängern.

Der Ampera ist schon deutlich besser als die klassischen Hybrid-Modelle, die letztlich Benzinfahrzeuge mit ein bisschen Elektro beim Anfahren sind. Aber er hat zwei Antriebsysteme. Phasenweise treibt immer noch der Benzinmotor die Räder an.

Eine dritte Möglichkeit: Der neue BMW i3, das ist der Qualitätssprung, ist ein reines Elektrofahrzeug und fährt nur mit dem E-Motor. Der Range Extender, ein zusätzlich einbaubarer kleiner und leichter Ottomotor (in Zukunft Brennstoffzelle), stellt ausschließlich Energie her, die den Ladezustand der Batterie konstant hält und diese dann den Elektromotor antreibt. Im Winter kann die Abwärme des Verbrennungsmotors auch zum Heizen genutzt werden. Der Tank wird dann nur wenige Liter groß sein. In Zukunft könnte man so ein System auch zum einfachen Ein- und Ausbauen konstruieren. Dann könnte der Range-Extender auch gleichzeitig im Winter Strom und Wärme fürs Haus liefern. Der Renault Zoe, Baujahr 2013, erwärmt den Passagierraum mit einer Wärmepumpe und schafft damit auch im Winter 100 Kilometer Reichweite. Überhaupt ist dieser E-Kleinwagen in einigen Bereichen beachtenswert. Er kostet 21.700 Euro und ist mit einem intelligenten Ladegerät ausgestattet, mit dem man Haushaltsstrom laden kann oder an der Schnellladesäule „auftankt". Die Batterie kann man für 79 Euro im Monat mieten, das entspricht zwei Tankfüllungen.

Eine vierte Möglichkeit, die es heute ebenfalls schon gibt, ist das sogenannte Schnellladesystem. Dieses System gibt es beispielweise beim Tesla. Es ermöglicht, viel Energie in kurzer Zeit in die Batterie einzubringen.

Diese Möglichkeiten werden schon bald von deutlich besseren abgelöst werden.

Die Qualität der Batterie wird sich dramatisch weiterentwickeln. Ein Elektroauto wird in wenigen Jahren eine Batterie haben, die kaum schwerer sein wird, aber doppelt so weit fährt. Die Bedeutsamkeit der derzeitigen Möglichkeiten besteht darin, dass man mit ihnen bereits jetzt auf Elektromobilität umsteigen kann – und damit die Entwicklung nicht hinauszögert, sondern dynamisiert.

Darum geht es: um Dynamik. Eine häufig gestellte Frage ist die des Stromtankens, wenn man im vierten Stock eines großen Mietshauses einer Großstadt lebt. Einerseits eine gute Frage, andererseits wird sie gern gestellt, um E-Mobilität zu bremsen. Es ist tatsächlich der schwierigste Fall, aber nicht der entscheidende. Denn die nötige Dynamik für den Umstieg auf saubere E-Mobilität wird zunächst aus zwei Bereichen kommen. Von den Eigenheimbesitzern und den Unternehmen mit Fuhrparkflotten. Wenn also jemand wie mein Kollege Martin zuhause und in der Firma Strom tanken kann, hat er 90 Prozent seines Bedarfs bereits abgedeckt. Um Ladesäulen braucht er sich dann keine großen Gedanken machen.

Bei steigendem Bedarf braucht es im nächsten Schritt dann sehr wohl Ladestationen. Und zwar an Orten, an denen E-Autos länger geparkt werden und der Strom direkt aus regenerativen Anlagen kommt. Etwa auf Autobahnraststätten oder vor Einkaufszentren – an Orten also, an denen die Menschen sich länger aufhalten. Voraussetzung dafür ist, dass die Infrastruktur gemeinsam mit dem Zugang zu regenerativen Anlagen, etwa Windkraftanlagen, geplant und gebaut wird und sich die Ladezeiten der Batterien bis dahin verkürzt haben oder ein Batterien-Wechsel-Service existiert.

So wird sauberer Strom für die Elektromobilität nicht nur virtuell, sondern auch physikalisch nutzbar. Die zugrundeliegende Infrastruktur, wie Kabel oder Telefonanschluss, kann gemeinsam genutzt werden, um eine Ladesäule profitabel aufbauen und betreiben zu können.

Ich lade zuhause mit einem Verlängerungskabel aus dem Keller – als Energiequelle dient meine 15-Kilowatt-Photovoltaikanlage auf dem Dach. Allerdings steht mein eigener Solarstrom nicht immer zur Verfügung. Aber mit einem Miniblockheizkraftwerk im Keller kann man bereits heute rund um die Uhr sauberen Strom tanken. Ich heize mit Pellets, wobei es bisher noch keine zuverlässigen Pellets-Blockheizkraftwerke gibt. Aber wir arbeiten an einer Möglichkeit, wie man auch zuhause sehr einfach Strom aus Wärme gewinnen kann. In zwei Jahren wird das umsetzbar sein.

100 Prozent sauberen Strom tanken – das ist in unserer Firma heute schon möglich. Der Firmensitz ist an Windkraft und Solarenergie angebunden und wir haben ein Blockheizkraftwerk auf Bioenergiebasis. Dadurch müssen wir keinen Strom von außen beziehen, sondern produzieren unseren Strom zu 100 Prozent mit Erneuerbaren Energien. Wir haben einen Carport mit Solarzellen auf dem Dach entwickelt, der auf dem Firmengelände pro Stellplatz und Jahr Strom für 12.000 Kilometer produziert. Unsere Elektroautos stehen direkt unter diesen Solarcarports.

Letztlich ist eines entscheidend: ein funktionierendes Zusammenspiel. Elektromobilität ergibt nur Sinn, wenn gleichzeitig für jedes Elektrofahrzeug entsprechend mehr erneuerbarer Strom produziert wird. Es braucht nicht dramatisch viel, um Elektrofahrzeuge anzutreiben. Wenn Elektroautos mit einem Mix aus Solar- und Windenergie angetrieben werden, reicht eine Windkraftanlage für 12.000 Autos. 160 große Windräder reichen für eine Million E- und Hybridfahrzeuge. Allein durch den Einsatz von effizienteren Heizungspumpen kann man zwei Millionen Elektroautos antreiben. Eines ist gewiss: Die Elektromobilität wird nicht an fehlenden Erneuerbaren Energien scheitern. Im Jahr 2011 haben wir in Deutschland 714 Terawattstunden Endenergie für den benzin- und dieselbetriebenen Straßenverkehr verbraucht. Allein der Umstieg auf Elektromobilität wird bereits zwei Drittel der heutigen Energie einsparen. Leichtere und stromlinienförmige Elektrofahrzeuge werden diesen Anteil noch einmal halbieren.

Das neue Very Light Car – abgekürzt VLC – der amerikanischen Firma Edison 2. Besonders leicht und windschnittig und somit superenergieeffizient.

Mobilität bald zu teuer

Es gibt aber noch zwei weitere entscheidende Argumente für Elektromobilität. Erstens: die Entwicklung der Benzinpreise. Keiner kann die Zukunft voraussagen und jedes Szenario ist abhängig von nicht verifizierbaren Annahmen. Da sich der Ölpreis in den letzten zehn Jahren vervierfacht hat, muss man in einem möglichen Szenario aber davon ausgehen, dass dieser weiter steigen wird. Mittelfristig wird dann das Barrel Rohöl mehr als 200 Dollar kosten. Irgendwann können wir es uns in doppelter Hinsicht nicht mehr leisten, das immer weniger werdende Öl in Automotoren zu verbrennen. Zweitens: weil wir das Öl für wichtigere Dinge brauchen. Ab einem bestimmten Tag ist das Fahren mit Strom also nicht nur besser, sondern auch billiger. Um mit dem Elektrofahrzeug 100 Kilometer weit zu fahren, braucht man Strom für circa drei Euro. Wenn ein Benzinmotor sieben Liter verbraucht, sind wir derzeit bei mehr als zehn Euro. Mit dem Umstieg auf Erneuerbare Energien wird der Strompreis in Zukunft konstant bleiben. Der Benzinpreis dagegen wird definitiv steigen.

Einen Elektromotor zu bauen ist im Grunde nicht besonders schwierig. Es ist nur so, dass die deutschen Autobauer in Benzin- und Dieselmotoren investiert haben und diese Investition möglichst lange nutzen wollen. Deutschland ist eines der wenigen Länder, das die Elektromobilität nicht fördert. Da ist zu vermuten, dass es um den Schutz der Autobauer geht, die viel von ihrer Wertschöpfung verlieren würden, wenn der Umstieg auf die Elektromobilität schnell käme. Deshalb erzählt die Industrie der Regierung regelmäßig, dass die Reichweite der Motoren noch nicht ausreiche. Und Tesla ist im Grunde das einziges Unternehmen, das mit dem Tesla S ein Oberklassenmodell gebaut hat. Das liegt wohl daran, dass das Unternehmen nur Elektroautos baut.

Man muss den Fortschritt wollen, dann kommt er auch – das lehren mich meine Erfahrungen mit Wind- und Solarenergie. Und das zeigt auch das Beispiel Tesla, wo man eben nicht in alte Technologie investiert hat und dafür nun ein alltagstaugliches elektrisches Auto auf der Straße hat, das in Sachen Komfort mit jeder herkömmlichen Oberklassen-Limousine mithalten kann.

Elektromobilität, die zu 100 Prozent aus Erneuerbaren Energien gespeist wird, ist nicht nur machbar, sie wird ein wichtiger Bestandteil einer rein regenerativen Energieversorgung sein – und damit auch für den Arbeitsmarkt enorm wichtig werden. Das Statussymbol eines Jugendlichen ist heute längst das Smartphone und nicht mehr das Auto. Vor zwanzig Jahren haben sich die Menschen über das Auto definiert. Aber die Mentalität der Gesellschaft hat sich verändert. Und nun verändern sich Technologie und Alltagskultur, und wir werden künftig Dinge anders machen, die wir heute für normal halten, die aber in Wahrheit verrückt sind.

Ein Beispiel: Am Flughafen in München kann man sich Taxis teilen. Bis dato galt es als normal, dass dort in ein Taxi jeweils nur ein Mensch einstieg, obwohl gleichzeitig zehn auf ein innerstädtisches Ziel in einem Radius von 500 Metern zufuhren. Heute gibt man in München sein Ziel nach der Landung auf einer Internetplattform ein und kann so schnell ein, zwei Mitfahrer finden. Ideal für den Verkehr, die Umwelt, die Ressourceneffizienz und auch den Kunden: Er hat praktisch keinen großen Nachteil und zahlt nur ein Drittel des Preises.

Mobilität nach Bedürfnissen: das Autro

In ein paar Jahren wird man seine Mobilitätsorganisation komplett mit einem Smart-Armband regeln. Man wird zu seinem Gerät sagen: „Ich möchte in fünf Minuten zum Flughafen." Die App erforscht, ob und wo es Mitfahrer in der Nähe gibt, die auch zum Flughafen müssen. Dann kommt automatisch ein Auto angefahren, dessen Größe sich nach der Zahl der Mitfahrer richtet. Wenn man allein fährt, wird es nicht wie heute oft ein großes Taxi sein; es kommt ein schmales Mobil für eine Person. Bezahlt wird per Abbuchung.

Ich nenne das Automatic Transportation, automatische Mobilität, abgekürzt: Autro.

Man braucht keine eigenen Autos mehr, um individuelle Wünsche oder Bedürfnisse zu befriedigen. Das Autro ist jeweils den eigenen Bedürfnissen angepasst und individuell eingestellt – von der Musik bis zur Farbe des Lackes. In dem Moment, in dem sich das Smart-Armband mit dem Mobil verbindet, lädt es die eigene Musik, stellt die bevorzugte Wärme ein und wechselt auf die gewünschte Farbe.

Das Autro braucht keinen Fahrer, es fährt automatisch.

Das gibt es heute schon. Die Firma Google arbeitet im kalifornischen Silicon Valley seit mehreren Jahren am Autro. Kaliforniens Gouverneur Jerry Brown entschied im Jahr 2012, dass die Autros auf öffentlichen Straßen getestet werden dürfen. „Wir werden Zeuge, wie aus Science Fiction die Realität von morgen wird", sagte der Gouverneur. Er vermutete, dass der Mensch wohl zunächst etwas nervös sein werde, wenn das Autro allein fahre. Man werde sich aber schnell daran gewöhnen.

Es wird die Sicherheit sogar erhöhen und gleichzeitig ein höheres Tempo erlauben, weil der Unsicherheitsfaktor Mensch ausgeschlossen wird. Die Autros können sowohl auf Schienen fahren als auch auf der Straße. Strecken wie Berlin – Hamburg sind Schienenstrecken, bei denen die Autros zusammengekoppelt werden können.

Wenn das Ziel nicht auf einer Hochgeschwindigkeitsstrecke liegt, sondern eher abgelegen, wird man stattdessen auf der Straße fahren. Man wird künftig wesentlich weniger Individualmobile benötigen, die den Großteil der Zeit eh nicht gefahren werden. Stattdessen wird man viele kleinere Autros benutzen, weil sie dem Bedarf angepasst sind. Und wenn man mal ein Autro nach Rügen braucht, in das auch das Surfbrett passt, dann kommt ein entsprechendes angefahren. Das wird die Mobilität deutlich preisgünstiger machen, weil sie den tatsächlichen Bedürfnissen angepasst wird.

Heute ist es so, dass „mein" Auto, das vor dem Haus oder in der Garage steht, eben nicht meinen Bedürfnissen angepasst ist, sondern nur wenigen Momenten im Jahr, in denen eine bestimmte Art von Mobilität gebraucht wird. Etwa dann, wenn tatsächlich vier Menschen mitfahren. Oder im Jahresurlaub, wenn tatsächlich ein großer Kofferraum benötigt wird. Wenn man einmal im Jahr ein Autro braucht, um damit 800 Kilometer nach Italien zu fahren, dann wird es künftig binnen fünf Minuten vorgefahren kommen.
Es schreckt heute noch viele Leute ab, dass sie einen schon komplizierten Urlaub planen müssen und dann auch noch einen Mietwagen buchen sollen. In Zukunft wird das mit einer Ansage an das Smart-Armband geregelt. Wenn es diesen Komfort und die Sicherheit gibt, dann spielt der Besitz eines Autos keine Rolle mehr, dann wird diese neue Art der Mobilität normal. Vor allem, weil sie der heutigen eindeutig überlegen ist.
Das Autro wird geprägt sein durch die beiden Faktoren Windschnittigkeit und leichteres Gewicht als heute. Es wird zudem eine deutlich größere Reichweite als heutige E-Autos haben – durch bessere Batterien, die zwei- bis dreimal leichter sind als heute, und durch verbesserte Solarzellen, die dreimal so effizient sind wie die heutigen. In der Zukunft wird ein ganz leichtes Autro sehr günstig sein – erst recht, wenn es in großen Stückzahlen hergestellt wird. Und da der Strom aus Wind und Sonne immer bezahlbar bleiben wird, sind die Kosten pro Kilometer dann fast geschenkt. 1.000 Kilometer für fünf Euro wird dann kein Problem sein. Genau das ist der Grund, warum es sich durchsetzen wird. Es ist einfach unschlagbar günstig. Ob das schon in fünfzehn oder doch erst in dreißig Jahren so sein wird, weiß ich nicht, aber eines weiß ich: Das wird kommen.

8

Der Kampf der Systeme

Warum es keine gemeinsame Zukunft für alte Energiekonzerne und neue Energiebürger gibt

Welche beiden Systeme der Energieerzeugung gibt es?

Energie ist ein gigantischer Markt. Unter den zehn größten Firmen der Welt mit den höchsten Umsätzen waren laut allseits beachteter Liste der renommierten Fachzeitschrift *Fortune* im Jahr 2012 sieben Energiekonzerne: Shell, Exxon Mobil, BP sowie drei chinesische und zwei US-amerikanische. In Deutschland sind es vier Konzerne, die den Strommarkt unter sich aufgeteilt haben und ihn auch weiterhin beherrschen wollen: Eon, RWE, Vattenfall und EnBW. Diese Konzerne betreiben wenige, häufig hochsubventionierte Großkraftwerke: Kohle-, Atom- und Gaskraftwerke.

Rank ▼	Company	Revenues ($ millions)	Profit ($ millions)
1	Royal Dutch Shell	484,489	30,918
2	Exxon Mobil	452,926	41,060
3	Wal-Mart Stores	446,950	15,699
4	BP	386,463	25,700
5	Sinopec Group	375,214	9,453
6	China National Petroleum	352,338	16,317
7	State Grid	259,142	5,678
8	Chevron	245,621	26,895
9	ConocoPhillips	237,272	12,436
10	Toyota Motor	235,364	3,591

Liste der zehn größten, weltweit dominierenden Energiekonzerne

Das ist das eine System, das alte System der etablierten Energie-wirtschaft.

Demgegenüber steht das neue System, das Strom jenseits von Groß-kraftwerken mithilfe von Erneuerbaren Energien sauber und dezentral erzeugt. Jede Kilowattstunde, die Bürger mit einer Photovoltaikanlage selbst erzeugen, tritt in Konkurrenz mit dem alten System und ge-fährdet dessen Erlöse.

Was ist das Ziel der Großkonzerne?

Ganz einfach: Ihr Ziel ist die maximale Gewinnoptimierung für ihre meist anonymen Aktionäre und Fondsgesellschaften im In- und Aus-land. Alles andere wird diesem Ziel untergeordnet. Dafür ist es wichtig, das alte System und die Strukturen der Großkraftwerke und der großen Stromnetze so weit wie möglich zu erhalten und damit auch die Abhängigkeit der Bürger von diesem System.

Der Vorstand eines solchen Konzerns ist seinen Aktionären ver-pflichtet. Diese Aktionäre wollen Rendite – und zwar sofort. Deshalb muss der Vorstand seine fossilen Großkraftwerke auslasten und seine Gewinne auszahlen. Er hat kaum Möglichkeiten, in den Umbau und damit in die Zukunft zu investieren. Vor allem aber: Wenn ein Energiekonzern einen großen Windpark baut, dann erschließt er sich zwar einen neuen Geschäftsbereich, aber er beschleunigt gleichzeitig den Niedergang seines lukrativen alten, auf fossilem Strom basierenden Geschäftsmodells.

Ich wundere mich daher überhaupt nicht, dass die Vorstände der Energiekonzerne trotz des Klimawandels, des nahenden Endes des fossilen Zeitalters und der beschlossenen Energiewende nicht auf Erneuerbare umgestiegen sind, sondern sie bekämpfen. Von ihnen darf man nichts anderes erwarten. Das Perfide ist, dass sie es nicht offen tun, sondern andere für sich kämpfen lassen – von Politikern bis Bürgerinitiativen gegen Windenergie.

Wie versuchen die Konzerne, ihr Ziel zu erreichen?

Die Hauptstrategie besteht seit den Anfängen in der Diskreditierung der Erneuerbaren Energien. Jahrelang hat die alte Energiewirt-schaft in Deutschland behauptet, die Energiewende wäre nicht machbar. Erst war maximal ein Prozent Erneuerbare Energie mög-lich, dann waren es zwei, dann fünf – diese „Prognosen" wurden sogar bundesweit in Anzeigen verbreitet. Im zweiten Schritt behauptete man, der Ausbau werde nicht schnell genug vorangehen. Jetzt ist man bei etwa 25 Prozent der Stromerzeugung, das heißt, seit 2005 hat sich der Anteil der Erneuerbaren mehr als verdoppelt. Beide Argumentationen sind widerlegt: Es geht, und es geht schnell. Daher hat man sich auf eine dritte Argumentation verlegt. Inzwischen heißt es: Es geht zu schnell.

Wer hilft den Konzernen?

Lobbyisten, die Einfluss auf Politiker nehmen. Und Politiker, die sich beeinflussen lassen. Medien, die ihre Argumente übernehmen und transportieren, die Initiative Neue Soziale Marktwirtschaft, die deutschen Industrie- und Handelskammern (DIHK), die für Großindustrie und Großverbraucher sprechen.
Und viele andere.
Politiker mit Verständnis für die Sorgen und Nöte der großen Konzerne gibt es in allen Parteien und Parlamenten. Längst gilt das auch für das Europäische Parlament in Brüssel. Nachdem aber auch die Europäische Union 80 Prozent Erneuerbare bis 2050 beschlossen hat, kann man die Energiewende nicht mehr für unmöglich erklären. Deshalb ist das politisch-strategische Ziel der Konzerne und ihrer Lobbyisten, die Energiewende zu entschleunigen. Sie suchen Energiewende-Bremsen.
Eine solche fand sich im April 2013. Da lehnte das Europaparlament mit einer konservativ-liberalen Mehrheit die Reform des Emissionshandelssystems ab, unter Beifall des deutschen FDP-Wirtschaftsministers Philipp Rösler. Begründung war die angeblich drohende Deindustrialisierung Europas. Die Wirtschaftsregion Europa sei in Gefahr, würden die Unternehmen finanziell zu stark belastet. Es war eine überparteiliche Allianz, die da mit- und nebeneinander gearbeitet hatte. Neben Rösler machten sich für die Interessen der Kohlekonzerne auch EU-Energiekommissar Günther Oettinger (CDU), NRW-Ministerpräsidentin Hannelore Kraft (SPD) und andere verdient. Eine „schmutzige Allianz der fossilen Gesinnungsgenossen", so hieß es in einem Kommentar von tagesschau.de.
Diese Reform wäre ein wichtiges Instrument der europäischen Politik zur Begrenzung des CO_2-Ausstoßes gewesen.
Profiteure des Status quo sind klimaschädliche Großindustrien, insbesondere aber eben die Betreiber von Kohlekraftwerken, die damit weiter auf Kosten der Gesellschaft subventioniert werden. Wenn

der Preis für CO_2-Zertifikate abstürzt, sinkt auch der Strompreis an der Börse – woraufhin die EEG-Umlage absurderweise steigt und Gaskraftwerke keine Chance haben, weil sie zu teuer sind. Es gibt nur einen Gewinner: Kohle.

Der Rest verliert.

Auch wenn die Großkonzerne in alle Bundestagsparteien hinein vernetzt sind, so ist es doch nicht übertrieben, die spezielle Rolle der FDP anzuerkennen, die als eine Art verlängerter Arm der Konzerne in der Bundesregierung fungiert. Was ein bisschen ironisch ist, weil die FDP sich ja angeblich dem Mittelstand verschrieben hat. Doch es existiert eine Anti-Mittelstands- und Anti-Bürger-Linie, die von der Politik der letzten FDP-Wirtschaftsminister Philipp Rösler und Rainer Brüderle zurückreicht bis in die Neunzigerjahre.

Ich erinnere mich an mein erstes Treffen mit Rainer Brüderle, der damals Wirtschaftsminister in Rheinland-Pfalz war und Vorsitzender der hiesigen FDP. Es war 1997, und wir hatten mit einem Vertreter der FDP aus der Region über Windkraft gesprochen, weil der einen Acker hatte, der für uns interessant war. Der FDPler sagte: „Junge, dynamische Unternehmer wie ihr interessieren den Herrn Brüderle bestimmt auch, ich bringe euch da mal hin. Das wird super."

Wir trafen uns dann bei einem Landesparteitag – und Brüderle redete wie ein Kohle- und Atomunternehmer: So ein Windrad sei ja mal gut, aber mehr davon brauche es nicht, das bringe ja auch nichts. So so.

Das war in den Neunzigern das typische Argument des alten Systems: „Was wollt ihr mit zwei, drei Windrädern?" Dann kam auch schon: „Was machen wir, wenn der Wind nicht weht?"

Schließlich sagte er: „Außerdem ist Windkraft nur additiv. Denn aus physikalischen Gründen passen eh nur fünf Prozent Windstrom in unser Netz."

Das war für mich als Diplom-Physiker wie ein Elfmeter: „Lieber Herr Brüderle, als Physiker kann ich Ihnen gerne erklären, warum auch weit mehr als 5 % Strom aus Wind in unserem Netz möglich sind."

Erst grinste er noch breit, dann wollte er das Thema wechseln, und als ich weiter diskutieren wollte, gab er unwirsch zu verstehen, dass die Sache für ihn erledigt war.

Dem Kollegen, der uns dort hingebracht hatte, war das sehr peinlich. Ich fand Brüderles Expertisen ausschließlich für Brüderle peinlich. Es sollte das erste und das einzige Mal bleiben, dass Brüderle Lust hatte, mit mir zu sprechen. Seit 1997 ist er nicht einmal bei uns gewesen, obwohl wir ihn mehrfach zu juwi eingeladen haben. Die ganze Landes-FDP war bei uns, er nicht.

Direkt nach der Übernahme des Umweltministeriums durch Peter Altmaier 2012 äußerte sich Brüderle öffentlich und sagte, der Umstieg auf Erneuerbare Energien sei nun doch schwieriger und teurer als gedacht. Es brauche mehr Kohlekraftwerke. Und im Frühsommer 2013 fordert er erneut ein Moratorium für Wind und Sonne. Tolle Idee. Die vielen mittelständischen Unternehmen werden das sicher alle überleben.

Warum ist die FDP auf Linie der großen Energiekonzerne? Aus strategischen Gründen, fürchte ich. Die FDP hat, was Bildung und Einkommen angeht, ähnliche Wählerschichten wie die Grünen. Für sie ist das als Unterscheidungsmerkmal wichtig. Weil die Grünen für Erneuerbare Energien stehen, muss die FDP genau das Gegenteil machen. Das ist der Grund, warum die FDP für die konventionellen Energieversorger ist, obwohl sie eigentlich die Partei des Mittelstandes sein will – nur in der Energiebranche nicht, da ist sie die Partei der Großkonzerne. Doch auch die Grünen sind in Konzernstrategien eingebunden, wenn sie etwa ihr Lied auf den Offshore-Strom singen und auf die Arbeitsplätze, die dort angeblich entstehen. Offshore findet ohne Bürgerbeteiligung statt. Da erwarte ich von den Grünen mehr Engagement für die Energiewende der Bürger.

Und was treiben die Industrie- und Handelskammern? Sie werden von den Großkonzernen beeinflusst und haben sich nach meinem Eindruck selbst oft nicht besonders intensiv mit der Materie auseinandergesetzt. Anders verhält es sich da mit der Initiative Soziale Marktwirtschaft. Die INSM ist eine Lobbyvereinigung des Arbeitgeberverbandes Gesamtmetall und der energieintensiven Industrie. Ihren Vorsitz übernahm 2012 der frühere „Superminister" Wolfgang Clement – schon zu seiner Zeit als SPD-Ministerpräsident von Nordrhein-Westfalen ein Gegner der Erneuerbaren. Die Energiewende sei eine staatsinterventionistische Veranstaltung mit flächendeckender Subventionierung, sagte er einmal. Als Wirtschaftsminister sorgte er sich darum, dass die Energiewende eine Wachstumsbremse und eine Milliarden-Fehlinvestition sei.

Bei der Hessen-Wahl 2008 riet er von der Wahl der SPD-Spitzenkandidatin Andrea Ypsilanti ab, weil sie die Energiewende im Wahlprogramm verankert hatte. Er passt also zur INSM, deren Botschaft lautet: „EEG stoppen – sonst scheitert die Energiewende".

Im Grunde funktioniert die Argumentation meist nach einem wiederkehrenden Muster: Umweltverträglichkeit des Energiesystems? Schön und gut, aber nicht auf Kosten von Sozialverträglichkeit und Versorgungssicherheit.

Bester Lieferant für aberwitzige Zahlen und Argumentationen der Energiewende-Gegner ist Prof. Dr. Manuel Frondel vom Rheinisch-Westfälischen Institut für Wirtschaftsforschung (RWI). Wann immer es gegen Erneuerbare geht und vor allem gegen Solarstrom, Frondel ist zur Stelle, um mit seinen Zahlen die Kosten (enorm) gegen die positive Wirkung (nicht existent) in absurde Vergleiche zu setzen. Sein verlässliches Fazit: Die „Kostenlawine" durch den Zubau der Erneuerbaren ist eine „Gefahr für Wachstum und Wohlstand". Von der „Zunahme der planwirtschaftlichen Organisation" gar nicht zu sprechen.

Was treibt Frondel an? Die ARD-Sendung „Monitor" hat ihn nach dem Auftraggeber einer seiner Studien gefragt, mit der Solarstrom als unnötiger Kostentreiber gebrandmarkt wurde. Erst sagte er, es gäbe keinen Auftraggeber. Als ihm die Reporter nachwiesen, dass es doch einen gab, nannte er ein „unabhängiges Energie-Forschungsinstitut." Als ihn „Monitor" dann damit konfrontierte, dass dieses Institute for Energy Research „eine von Öl- und Kohlekonzernen finanzierte Lobbyorganisation" sei, sagte Frondel: „Das war uns in diesem Maße nicht bekannt." Es sei „ein Versehen" gewesen, dass der Auftraggeber verschwiegen wurde.

Kampf der Systeme

Kennzeichnende Merkmale	Klassische Energieversorger	Neue Energiebranche
Anzahl der Produktionsstandorte	Wenige Großkraftwerke	Viele dezentrale Kraftwerke
Eigentümerstruktur	Wenige Konzerne, viele (anonyme) Aktionäre aus dem In- und Ausland	Viele regionale Player (Bürger, Landwirte, Kommunen)
Motivation des Engagements	Gewinnoptimierung	Umweltschutz und regionale Wertschöpfung
Quersubventionierung	Verkehr, Abfallwirtschaft, Telekommunikation	Kaum bis keine

Kennzeichnende Merkmale	Klassische Energieversorger	Neue Energiebranche
Staatliche Subventionen	Seit Jahrzehnten sehr hoch (Forschung, Anwendung, Betrieb, Entsorgung)	Gering (direkt: Forschung/indirekt: EEG)
Im Nachhaltigkeitsdreieck wird betont	Wirtschaftlichkeit für Großkonzerne Versorgungssicherheit Umweltfreundlichkeit	1. Umweltfreundlichkeit 2. Wirtschaftlichkeit 3. Versorgungssicherheit
Ressourcen	Kohle/Atom/Gas/ Offshore	Wind/Sonne/ Biomasse
Profiteure	Einige wenige (z.B. internationale Fondsgesellschaften)	Viele regional beteiligte Bürger
Geschädigte	Im lokalen (Emissionen und Raubbau an der Natur beim Abbau von Rohstoffen) und globalen Bereich (Klimawandel, Emissionen, Raubbau an der Natur beim Abbau von Rohstoffen)	Im lokalen Bereich (Veränderung der Kulturlandschaft)
Nähe zur Politik	Hoher Lobby-Aufwand, historisch gewachsen, oft über Aufsichtsratsmandate verknüpft	Mittel, aber zunehmende Lobby-Aktivitäten
Arbeitsplätze	etwa 200.000	etwa 400.000
Nahestehende Branchen	Großindustrie (Chemie, Metall, Schiffbau, Werften)	Handwerk, Hersteller (zum Beispiel von Windkraftanlagen)
Preisgestaltung	Scheinbar günstig, weil viele reale Kosten (Umweltschäden etc.) externalisiert und von der Allgemeinheit über Steuergelder und Versicherungsprämien getragen werden	Scheinbar teuer, dafür aber inklusive aller Nebenkosten
Abhängigkeit von	… endlichen Rohstoffen, Rohstoffimporten, wenigen Unternehmen	… den Wetterbedingungen (Wind, Sonneneinstrahlung)

Kennzeichnende Merkmale	Klassische Energieversorger	Neue Energiebranche
Aufwand für den Rohstoff- und Stromtransport	Hoch/Trennung von Ressource und Umwandlungsort/ Trennung von Produktion und Verbrauch	In der Nähe der Ressourcen/in der Nähe der Verbraucher
Perspektiven	Schlecht, da endliche Rohstoffe, steigende Kosten	Gut, da unendliche Ressourcen, sinkende Kosten

Die Frühphase des Systemkampfes

Um zu verstehen, wie der Kampf der Systeme geführt wird, hilft es, chronologisch nachzuvollziehen, mit welchen Argumenten das alte System seit den Anfängen der Erneuerbaren Energieerzeugung das neue System an dessen Entwicklung zu hindern versucht hat. Es ging von Beginn an darum, die eigenen Geschäftsinteressen zu verschleiern hinter Argumenten aus dem wissenschaftlichen, politischen, sozialen und sogar dem Bereich des Naturschutzes. Ziel war es stets gewesen (und ist es auch heute noch), Ängste vor dem Neuen zu schüren und dadurch mentale Blockaden zu erzeugen.

In den Gründerjahren ging es gegen Windenergie, den angeblichen „Windmühlenwahn". Landschaftsbildschützer, entweder mit ökonomischen Eigeninteressen oder romantisch verklärt, wurden im Sinne des Energie-Establishments instrumentalisiert.

Dann begann etwa im Jahr 2005 der Boom der Photovoltaik. Umgehend nahm die meinungsmachende Welle gegen Solarstrom Fahrt auf, bei der sich speziell das Institut RWI hervortat – nicht zu verwechseln mit RWE, aber in dieselbe Richtung argumentierend. Es ging darum, den Erfolg der Photovoltaik schlecht zu reden. Solarstrom sei wie Ananaszüchten in Alaska, sagte der damalige RWE-Vorstandsvorsitzende Jürgen Großmann. Der Spin war und ist bis heute stets, die Leute glauben zu machen, dass Solarstrom in Deutschland volkswirtschaftlicher Unfug sei. Es dauerte Jahre, aber dann war das Ziel erreicht. Die Einspeisevergütung für Photovoltaik wurde so beschnitten, dass ein Ausbau dieser umweltfreundlichen Energieerzeugung derzeit kaum noch möglich ist. Viele Photovoltaik-Unternehmen und Hersteller von Modulen in Deutschland sind in der Folge bankrott gegangen.

Doch richtig eng wird es für die Konzerne erst, seit nach dem Boom der Photovoltaik und in der Folge der AKW-Katastrophe von Fukushima die Politik in Bayern und Baden-Württemberg den Bau von Windanlagen ermöglicht.

Erneuerbare Energien in Bürgerhand

Verteilung der Eigentümer an der bundesweit installierten Leistung zur Stromerzeugung aus Erneuerbare-Energien-Anlagen 2012 (72.900 MW).

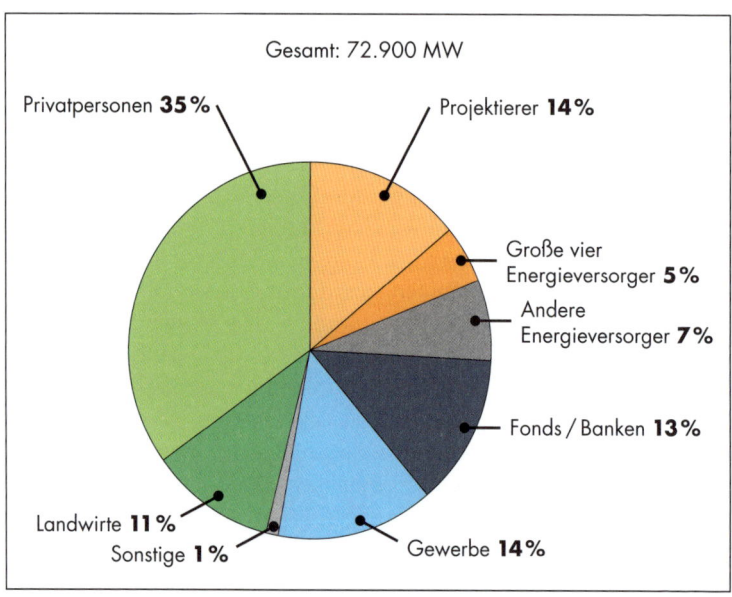

Gesamt: 72.900 MW

Privatpersonen **35%**
Projektierer **14%**
Große vier Energieversorger **5%**
Andere Energieversorger **7%**
Fonds / Banken **13%**
Gewerbe **14%**
Sonstige **1%**
Landwirte **11%**

Ein Großteil der regenerativen Anlagen gehört schon heute nicht den großen Konzernen, sondern den Bürgern. Quelle: Agentur für Erneuerbare Energien

Während sie das Geschäft des Lobbyismus gegen Erneuerbare seit vielen, vielen Jahren sehr professionell betreiben, kommen sie mit dem neuen System selbst, der dezentralen Erzeugung von Erneuerbarer Energie, überhaupt nicht zurecht. Der gemeinsame Anteil der vier Energiekonzerne RWE, Eon, Vattenfall und EnBW auf dem Markt der Erneuerbaren beträgt gerade einmal fünf Prozent, rund 35 Prozent der regenerativen Anlagen befinden sich im Besitz von Privatpersonen und elf Prozent im Besitz von Landwirten. Laut einer Umfrage der Personalberatung LAB & Company geben inzwischen drei Viertel der Führungskräfte in der Energiewirtschaft zu, dass die deutschen Energiekonzerne die Energiewende verschlafen hätten und ihre aktuellen Geschäftsmodelle nicht überlebensfähig seien. Da ist es umso verständlicher, dass man sich gegen den Systemwechsel wehrt, so gut und so lange es geht.

Der Systemkampf seit Fukushima: von der „Stromlücke" zur Erneuerbaren-Bremse

Die Energiekonzerne und die schwarz-gelbe Regierung hatten mit großem Aufwand die Rücknahme des Atomausstiegs und die Verlängerung der vereinbarten Laufzeiten der siebzehn deutschen Atomkraftwerke zuwege gebracht. Doch nach der Atomkatastrophe von Fukushima im Jahr 2011 war klar, dass dieser Ausstieg aus dem Ausstieg nicht haltbar sein konnte.

Was tun?

Nach Abschaltung von acht der siebzehn Atommeiler intensivierten die Gegner der Erneuerbaren ihre Geschichte von der „Stromlücke". Botschaft: Um Gottes willen, Erneuerbare Energien können Atomstrom nicht so schnell ersetzen. Wir werden in Deutschland im Dunkeln und im Kalten sitzen, die Wirtschaft wird zusammenbrechen und auch sonst wird nichts mehr gehen.

Es saß dann aber niemand im Dunkeln und im Kalten.

Im Gegenteil. Schon im kalten Februar 2012 haben wir Strom ins Ausland und auch nach Frankreich exportiert, als die dortigen Atommeiler am Anschlag waren. Auch 2013 exportiert Deutschland Strom, weil man mehr produziert, als man braucht. Die Drohung mit einer Stromlücke war also nicht aufrechtzuerhalten. Daher drehte man die Argumentation um und sagt seither: Um Gottes willen, wir haben zu viel erneuerbaren Strom.

Zu viel?

Gerade noch hieß es, die Erneuerbaren könnten unmöglich ab 2022 den Anteil der dann vollständig abgeschalteten Atomkraftwerke übernehmen, jetzt will man den Ausbau bis dahin auf 35 Prozent bremsen. Die Begründung ist nun nicht mehr, dass es nicht geht, sondern dass es zu schnell geht. Das gegenwärtig wichtigste Argument der Gegner der Energiewende lautet: Ökostrom mache den Strompreis immer teurer und sei damit unsozial.

Derart argumentierte CDU-Umweltminister Peter Altmaier auch bei einem persönlichen Treffen mit mir, kurz bevor er seine sogenannte

Strompreisbremse im Frühjahr 2013 mit viel Getöse durchsetzen wollte. Da hieß es: Werde die Energiewende zu teuer, gehe die Akzeptanz für sie verloren und das müsse verhindert werden. Er bezifferte die Kosten auf eine Billion Euro, wenn man nicht die Einspeisevergütungen ändere, also das EEG. Mit der Panikmache trug er gezielt dazu bei, dass die Energiewende von manchen nur noch als Risiko verstanden wurde.

Vermiedene Umweltschäden schön und gut, aber „der Rentnerin oder dem Familienvater" sei das „nur ein begrenzter Trost, wenn sie nicht wissen, wie sie ihre Stromrechnung bezahlen sollen", so Altmaier. Selbstverständlich kam er auch mit meinem Lieblingsargument, dem angeblichen Dilemma, dass der Wind nicht 24 Stunden am Tag weht. „Wir brauchen zusätzlich neue konventionelle Kraftwerke als Reserve – für die Zeit, wenn die Sonne nicht scheint und der Wind nicht weht", sagte er.

Damit wir uns nicht falsch verstehen: Ich habe Herrn Altmaier bei mehreren Gelegenheiten als sympathischen Menschen und kompetenten Politiker kennengelernt. Aber derzeit ist er prioritär ein populistischer Wahlkämpfer, der teilweise selbst bremst und gleichzeitig von seinem Kollegen Wirtschaftsminister gebremst wird. In einer anderen Konstellation kann er durchaus der richtige Mann sein, um die Energiewende voranzubringen.

Der Systemkampf seit Fukushima (II): Sündenbock EEG-Umlage

Es ist richtig, dass der Strom bezahlbar sein muss. Es ist nicht richtig, die EEG-Umlage als alleinigen Faktor für steigende Strompreise zu missbrauchen.

Das EEG ist das zentrale Instrument der Energiewende. Es regelt die Förderung der Erneuerbaren Energien durch garantierte Einspeisevergütungen sowie durch den Einspeisevorrang. Heißt: Jeder, der Strom mit Erneuerbaren Energien produziert, kann ihn zu einem festgelegten Preis ins Stromnetz einspeisen.

Die EEG-Umlage beträgt im Jahr 2013 5,28 Cent pro Kilowattstunde. Für einen durchschnittlichen Familienhaushalt mit einem Verbrauch von 4.000 Kilowattstunden pro Jahr sind das etwa 15 Euro pro Monat.

Darüber hinaus liegen die Gründe für die steigenden Stromkosten nicht nur bei der EEG-Umlage. Die Großkonzerne benutzen die Umlage als Alibi für die eigene Preistreiberei. Einer Studie der Universität für Technik und Forschung des Saarlandes zufolge haben die Großkonzerne von 2002 bis 2009 ihre Gewinne vervierfacht. Dennoch wird die Sachlage von ihnen und ihren Protegés seit Jahren auf die Formel reduziert: Ökostrom macht den Strom teuer, Kohlestrom macht den Strom bezahlbar. Was nützt uns die Umwelt, wenn wir den Strom nicht mehr bezahlen können?

Das EEG leistet genau das, was es soll: Erneuerbare Energien in den Markt bringen und technologisch und preislich entwickeln. Es ist im Sinne Hermann Scheers die erste wirkliche systemische Umschichtung, weil es den Vorrang der Erneuerbaren regelt. Deshalb wirkt es.
Und deshalb wird es bekämpft.
Ohne staatlich festgelegte Rahmenbedingungen wäre die bereits teilweise erfolgte Transformation von schmutzig zu sauber nicht möglich gewesen. Der Staat hat vor einigen Jahrzehnten durch finanzielle Unterstützung die Atomenergie durchgesetzt, die nur deshalb wachsen konnte, weil der Staat den Stromproduzenten enorme finanzielle Unterstützung zuteilwerden ließ. Laut einer Studie des Forums Ökologisch-Soziale Marktwirtschaft im Auftrag von Greenpeace förderte der Staat die Atomwirtschaft von 1950 bis 2008 mit 164,7 Milliarden Euro. Im Gegensatz dazu – und ebenso zu den Subventionen in der Kohleindustrie – ist es bei der sauberen Energieproduktion allerdings so, dass die Anschubkosten nicht der Staat übernimmt, sondern direkt der Stromkunde. Mehr noch: Der Stromkunde übernimmt auch die Kosten der energieintensiven Großunternehmen, die 2012 mit 2,5 Milliarden Euro entlastet wurden. Heute dürfte die Zahl allerdings noch dramatischer sein: Waren 2012 noch rund 730 Unternehmen mit 979 Abnahmestellen von der Zahlung der EEG-Umlage befreit, so hat sich ihre Anzahl bis heute stark erhöht. 2013 liegt die Zahl der befreiten Abnahmestellen bei 2.262. Die Erhöhung der EEG-Umlage, urteilte der Bund der Energieverbraucher, gehe zu einem großen Teil auf „die gesetzwidrige Befreiung von Großbetrieben durch die Bundesregierung zurück". Also auf Subventionen für Unternehmen. Hier stellt sich die Frage, warum zum Beispiel eine Krankenschwester, die ja bekanntlich ein relativ niedriges Einkommen hat, die mächtigen Konzerne mitfinanzieren soll. Ist das tatsächlich gesellschaftlich fair und ethisch? Doch das sind nicht die einzigen Kosten, für die wir Verbraucher aufkommen.

Derzeit übernehmen wir als Gesellschaft auch die immensen Folgekosten der Kohle- und Atompolitik. Atom- und Kohlestrom haben zusammen seit 1970 429 Milliarden Euro Subventionen bekommen, so eine Studie von Greenpeace Energy. Dort wird die „versteckte Konventionellen-Umlage" samt gesellschaftlicher Folgekosten auf 10,2 Cent pro Kilowattstunde beziffert. Das ist das, was wir jenseits der Stromrechnung dafür bezahlen. Würden diese Subventionen, die Schäden der Kohleproduktion, die Entsorgung des Atommülls und andere Folgekosten auf den Strompreis umgelegt, so wäre für jeden ersichtlich, dass Atom- und Kohlestrom alles andere als günstig sind. Von einem Reaktorunglück und den anfallenden Kosten gar nicht zu sprechen.

Gleichzeitig sorgt die steigende Menge an Erneuerbaren im Netz dafür, dass der Strompreis an der Börse in Leipzig stetig sinkt.

Was wiederum der Großindustrie zugutekommt, nicht aber dem einzelnen Stromkunden, denn an ihn werden diese Profite nicht in Form gesenkter Strompreise weitergegeben. Der Stromkunde muss also die steigende EEG-Umlage bezahlen, partizipiert aber nicht an den daraus resultierenden Preissenkungen an der Strombörse. Das erhöht den Gewinn der Energiekonzerne, die daher faktisch trotz Wehklagens über die Schließung einiger Atomkraftwerke in den Jahren 2011 und 2012 weiterhin prächtig verdient haben.

Das heißt: Mit dem EEG verteilt der Staat das Geld um – weg von den Privathaushalten und hin zu den Großkonzernen. Und dann tun Politiker wie Brüderle auch noch so, als sei das EEG der einzige Grund, der den Strompreis hochtreibe. Nebenbei kassiert auch der Staat über die Mehrwertsteuer am Strompreis – ganze 19 Prozent. Selbstverständlich auch von der Rentnerin, um die sich Altmaier so sorgt. „Wir haben kein Kostenproblem, sondern ein Problem mit einer Regierung, die den Ausbau der Erneuerbaren abbremst, weil dann Kohlekraftwerke nicht mehr profitabel wären", brachte es Jürgen Trittin, Fraktionsvorsitzender der Grünen und früherer Umweltminister, in einem Gespräch mit der *Wirtschaftswoche* auf den Punkt.

Hinter den Horrorszenarien über Millionen Menschen, denen der Strom abgestellt wird, steckt nicht nur die Absicht, das EEG zum Sündenbock zu erklären, sondern gleichzeitig auch der Versuch, über anderes nicht sprechen zu müssen. Dazu gehören zum Beispiel die steigenden Benzinpreise oder auch, dass wir dringend unsere Abhängigkeit von Öl und Gas reduzieren müssen.

Ich will das Problem nicht verharmlosen, wenn sozial Schwächere ihren Strom nicht mehr bezahlen können. Ich stand mal in der Post neben jemandem, der Geld einzahlte an seinen Stromversorger, weil man ihm den Strom abgestellt hatte. Er zählte das Geld in Münzen auf die Theke, und das fiel ihm sichtbar schwer. Das sehe ich heute noch vor mir.

Aber die meisten Leute kennen die Zusammensetzung ihrer Stromrechnung gar nicht und sehen weder die wahren Kostenfaktoren noch die Einsparpotenziale. Wären sie am Rande des Stromruins, so wäre das anders. Und wenn es der Politik wirklich um solche Menschen geht – und das sollte es –, um diejenigen, die sich Strom nicht mehr leisten können, dann hat sie viele Möglichkeiten, das sozialer zu gestalten. Ich bevorzuge die Idee der Stapeltarife. Das bedeutet, dass nicht der wenig bezahlt, der viel verbraucht, sondern der, der wenig verbraucht. Das kann man auch pro Kopf berechnen, so dass eine mehrköpfige Familie davon profitiert. Es hat zudem einen positiven Nebeneffekt, wenn die ersten Kilowattstunden billiger sind als die folgenden: Man entwickelt einen ernsthaften Umgang mit Strom. Der Verbrauch wird ein Faktor und geht in die Alltagskultur und das Alltagshandeln ein. Damit ist ein deutlich größerer Geldbetrag einzusparen als mit der Ausbremsung des Ausbaus der Erneuerbaren.

Es ist für mich dennoch keine Frage, dass das EEG immer weiterentwickelt werden muss, weil sich beim sukzessiven Ausbau der Erneuerbaren Energien neue Situationen ergeben. Was in einem frühen Stadium des Ausbaus zwingend notwendig war, stellt sich in einem fortgeschrittenen anders dar. Bisher sind Wind und Sonne gewachsen, während Atom und Kohle die Grundlast sicherten.

Jetzt müssen diese beiden Welten zusammengebracht werden.

Aber die Essentials bleiben in jedem Stadium dieselben und müssen bewahrt werden, damit es dynamisch funktioniert: Ich meine eine breite Beteiligung von Investoren und Bürgern. Dafür braucht es Anreize und eine Begrenzung der finanziellen Risiken. Da erneuerbare Rohstoffe nichts kosten, wird der Strompreis fast ausschließlich von Zins- und Tilgungskosten bestimmt. Deshalb ist ein Festpreissystem das günstigste Modell. Nur so kann die Abschreibungszeit maximiert und die Zinsbelastung sowie die Renditeerwartung des Investors minimiert werden. Wenn eine feste Menge an Strom ausgeschrieben wird – was die FDP immer wieder fordert –, dann gibt es diese Sicherheit nicht und daraus resultieren kürzere Abschreibungszeiträume und deutlich höhere Zinsen sowie Renditeerwartungen. Außerdem werden in der Regel kleinere Unternehmen und erst recht Bürger von Ausschreibungen ausgeschlossen.

Das soll liberal sein? Das soll marktwirtschaftlich sein? Für mich ist das pure Planwirtschaft zum Wohle der Großkonzerne.

Der Systemkampf seit Fukushima (III): der Versuch, alte Strukturen zu re-etablieren

Nach der erfolgreichen Photovoltaik-Bremse hat sich das alte Energiesystem wieder dem Kampf gegen Windmühlen zugewandt, genauer gesagt gegen Onshore-Wind.

Damit sind wir in der fortgeschrittenen Phase des Kampfes der Systeme. Es geht nicht mehr nur um Erneuerbare Energien gegen fossile Energien, sondern auch um Erneuerbare gegen Erneuerbare.

Warum?

Offshore-Stromerzeugung scheint auf den ersten Blick die Lösung fast aller Probleme. Die Windräder stehen weit draußen im Meer. Man kann riesige Mengen Strom erzeugen. Zumal der Wind dort immer kräftig weht. Die schwarz-gelbe Merkel-Regierung sieht Offshore als wichtigen Teil der Energiewende – wie übrigens vor ihr auch schon Schwarz-Rot und Rot-Grün. Bis 2020 sollen 1.500 bis 2.500 Windräder auf See mit einer Leistung von 10.000 Megawatt laufen. Das entspricht der Leistung von vier bis fünf Atomreaktoren. 2030 sollen es 25.000 Megawatt sein. Anfang 2013 waren aber erst 76 Windräder und 320 Megawatt Offshore-Windleistung am Netz.

Zum Vergleich: Die Windkraft-Leistung an Land lag Ende 2012 bei rund 31.300 Megawatt.

Wenn ein Frankfurter, Stuttgarter oder Münchener eine Kilowattstunde Strom in der Nordsee kauft, sollte das – so die allgemeine Meinung – recht günstig sein, denn auf dem Meer weht vermeintlich mehr Wind als an Land. Doch wie kommt die Energie in den Süden? Ein langer, teurer und derzeit noch nicht einmal vorhandener Transportweg wäre zu bewältigen. Bei Flaute könnte man nicht liefern, und die Energie aus windreichen Stunden könnte nicht gespeichert werden – und wenn doch, dann nur zu hohen Kosten. Das kann nicht zum Erfolg führen – nicht nur wegen der fehlenden 4.500 Kilometer Hochspannungstrassen.

Ich weiß, dass es Verfechter der Energiewende gibt, die überzeugt sind, dass wir beides brauchen: Onshore und Offshore.

Ich sehe das anders: Diese Art der Stromerzeugung ist zwar erneuerbar und sauber, doch sie ist zentral, verbraucherfern, schwierig in der Handhabung und damit teuer. Vor allem ist sie ebenso wie die Netze und die Speicher ein Geschäftsbereich für Großkonzerne. Offshore-Anlagen sind für Genossenschaften und Kommunen nicht finanzierbar, im Normalfall nicht einmal für Stadtwerksverbünde. Um es auf den Punkt zu bringen: Offshore-Windkraft-Förderung ist teure Förderung der Großkonzerne unter Ausschluss der Bürger. Also die Fortsetzung der alten Energie-Oligarchie. „International wird sich allenfalls Seewind in Küstennähe durchsetzen, was aber in Deutschland wegen des Wattenmeers nicht infrage kommt", schreibt der Verbraucherschützer Holger Krawinkel in einer Analyse der Verbraucherzentrale Bundesverband. Je schneller der Ausstieg aus dem Offshore-Ausbau vereinbart werde, umso geringer würden die negativen Folgen etwa im Hinblick auf die Kosten ausfallen.

Und die Arbeitsplätze, um die sich insbesondere Erwin Sellering, der Ministerpräsident von Mecklenburg-Vorpommern sorgt? Das ist verständlich, aber zu kurz gedacht.

Zunächst handelt es sich bei Offshore gerade einmal um 18.000 Arbeitsplätze in ganz Deutschland (2012). Was aber bisher überhaupt nicht bedacht wird: Auch in Mecklenburg-Vorpommern können viel mehr Arbeitsplätze entstehen, wenn der Strom für etwa 30 Prozent der Offshore-Kosten an Land produziert wird. Der Grund: Viele energieintensive Firmen werden sich in Zukunft da ansiedeln, wo der Wind am stärksten weht und sie sich mit einer direkten Leitung ohne Verluste preiswert selbst versorgen können.

Echte Freunde der Energiewende werfen nun ein, man müsse den Konzernen doch wenigstens die Perspektive Offshore anbieten, damit sie sich nicht bis zum letzten Blutstropfen am fossil-atomaren System festbeißen. Was hat etwa der baden-württembergische staatlich gelenkte Atomkonzern EnBW nach dem Ende des atomaren Zeitalters für eine Perspektive, wenn er nicht wenigstens ein paar Windparks an der Küste betreiben kann? Das klingt zunächst plausibel, ist es aber nicht. Wir sind in einem Systemkampf, in dem nur einer übrig bleiben kann. 2015 soll das nächste AKW abgeschaltet werden, und ab da werden die Großkonzerne um jeden Meiler kämpfen, mit allen Tricks und mit aller Macht. So wie sie jetzt schon den Stromtrassenbau für ihre Zwecke zu instrumentalisieren versuchen.

Nach dem Netzentwicklungsplan von 2012 sollen rund 2.800 Kilometer neue Stromtrassen gebaut werden. Auf den ersten Blick scheinen diese Nord-Süd-Stromverbindungen zwingend notwendig. Die meisten Atomkraftwerke stehen im Süden Deutschlands, die führenden Bundesländer für Windstromproduktion liegen im Norden.

Doch wir wissen aus Analysen von Wetterdaten: Windflauten in Norddeutschland gehen häufig mit starkem Wind in Süd- und Südwestdeutschland einher. Wenn wir dort gezielt Anlagen zubauen, verstetigen wir die Erzeugung und stabilisieren die Netze.

Und das Binnenland hat einen weiteren Vorteil – die Stetigkeit des Winds: Wir brauchen daher hier weniger Netzausbau und Ausgleichsenergie – zum Beispiel Speicher – als an den norddeutschen Spitzenstandorten. Dort weht der Wind zwar im Durchschnitt stärker, aber er frischt permanent auf und ab – Gift für die Netze. Die Formel „Windenergie nur in Norddeutschland" ist daher falsch. Vielmehr hilft eine ausgewogene Verteilung von Windenergie in ganz Deutschland, die Systemkosten zu minimieren.

Im Übrigen erreichen moderne Schwachwindanlagen schon bei mittelmäßigen Windverhältnissen die volle Auslastung. Schon an Standorten mit 6,25 m/s mittlerer Windgeschwindigkeit werden Jahresvolllaststunden von mehr als 4.000 möglich.

Doch so einfach ist es nicht: Die Stromnetze in Deutschland sind ein häufig unterschätzter Machtfaktor. Durch den Besitz der Netze haben die vier großen Konzerne viele Jahre ihre Macht abgesichert. Um möglichst hohe Gewinne zu erzielen, haben sie sich aber nicht um die Wartung der Netze gekümmert. Weshalb das Stromnetz überaltert und teilweise fehleranfällig ist.

Der Versuch der EU, Stromproduktion und Netze durch gesetzliche Vorgaben in getrennte Hände zu legen, ist gescheitert. RWE hat für die Netze die Tochtergesellschaft Amprion gegründet, Vattenfall hat 50Hertz. Nur Eon hat seine Netze tatsächlich verkauft an den niederländischen Staatskonzern Tennet. Mittlerweile gibt es eine Bundesnetzagentur, die den Ausbau der Netze planen soll.

Doch die Konzerne haben eigene Pläne, wie eine Studie des BUND ergab.

Demnach arbeiten sie darauf hin, künftig mit überdimensioniert ausgebauten Netzen – selbstverständlich von der Allgemeinheit finanziert – vermehrt Kohlestrom von Norden nach Süden zu leiten. Die prognostizierten Strommengen aus Kohlekraftwerken für das Jahr 2022 liegen mit fast 250 Terawattstunden bis zu 100 Terawattstunden über den aktuellen Annahmen in den Energieszenarien der Bundesregierung. Das würde zu einem Mehrausstoß von etwa 90 Millionen Tonnen CO_2 im Jahr 2022 führen.

Warum hilft ein überdimensionierter Netzausbau den alten Konzernen? Weil dadurch der Einspeisevorrang der Erneuerbaren weniger zum Tragen kommt. Gibt es mehr und größere Netze, kann auch Braunkohlestrom jederzeit ungehindert fließen. Dann müssen Kohlekraftwerke auch dann nicht vom Netz genommen oder heruntergefahren werden, wenn es genug erneuerbaren Strom gibt. Der Plan der Konzerne: volle Pulle weiter Kohlestrom produzieren und im Ausland verkaufen. Das ist zwar ökonomisch für sie logisch, konterkariert aber das Ziel der Energiewende, die Stromproduktion künftig kohlendioxidarm oder gar -frei zu machen.

Der Wiesbadener Wirtschaftsprofessor Lorenz Jarass, Netzexperte und Berater der Regierung, sieht zwar ebenfalls die Notwendigkeit zur Verstärkung bestehender Leitungen. Doch die Netze dürften nicht nach dem Richtwert Jahresspitze ausgebaut werden. Ein überdimensionierter Netzausbau schade der Energiewende, weil dadurch nicht das Stromnetz optimiert werde, sondern der Kraftwerkseinsatz. Die klimapolitischen Ziele der Bundesregierung wären damit ad absurdum geführt.

Und alles auf Kosten der Bürger. Die derzeitige Netzplanung diene neben der besseren Auslastung von fossilen Kohlekraftwerken möglicherweise auch dem Ziel, neue Kohlekraftwerke bauen zu können, fürchtet der BUND. So lägen die Prognosen der Netzbetreiber zur Auslastung von Braunkohlekraftwerken mit 8.000 Volllaststunden im Jahr 2022 nicht nur deutlich über dem heutigen Durchschnittswert, sondern auch über dem, was technisch für die existierenden Kraftwerke leistbar sei.

Im Zusammenhang mit der indirekten Begründung neuer Kohlekraftwerke wird auch regelmäßig darauf verwiesen, dass ja Speicher für Wind- und Solarstrom fehlten. Deshalb brauche es Kohlekraftwerke. So lange, bis die Speicher entwickelt seien.

Doch erstens braucht man umso weniger Speicher, je verbrauchernäher man Strom produziert. Und zweitens kommen technologische Entwicklungen nur voran, wenn es einen Markt und einen Bedarf gibt und zudem die anfangs hohen Kosten gefördert werden. Das heißt: Die Technologien zur Speicherung wie auch zur Produktion und Verteilung von Erneuerbarer Energie wird es dann geben, wenn sie gebraucht werden. Werden zur Grundlastsicherung in der nächsten Zeit doch wieder Kohlekraftwerke gebaut, kann es keine Speicherentwicklung geben, weil Speicher dann keinen Markt haben.

Es gibt einen entscheidenden Punkt, der hinter vielen Argumenten des alten Systems steht, warum die Energiewende gebremst werden müsse: Die Stromerzeugung aus Erneuerbaren Energien ist schwankend. Bei einer Windflaute speisen Windräder zum Beispiel keinen Strom ein, bei Windgeschwindigkeiten von mehr als 13 Metern pro Sekunde, also bei Sturm, arbeiten sie mit voller Leistung. Das passt zu Gaskraft-, aber nicht zu Kohlekraftwerken, die als Grundlastkraftwerke konzipiert sind. Wenn der Anteil der Erneuerbaren die Grenze von 35 Prozent überschreitet, müssen die fossilen Kraftwerke so häufig heruntergefahren werden, dass sich ihre Auslastung nicht mehr rechnet.

Das ist zwar im Sinne der Energiewende, aber eben nicht im Sinne der Konzerne. Denn es geht den Konzernen und ihren Lobbyisten darum, möglichst lange mit Kohlekraftwerken Strom zu produzieren. Bevor es zu spät ist – nicht für das Klima oder die Zukunft der Gesellschaft, sondern für sie.

Wenn ein neues Kohlekraftwerk einmal läuft, dann läuft es. Es produziert auf viele Jahrzehnte hinaus Geld für den Konzern und klimaschädliche Emissionen für den Planeten. Jetzt entscheidet sich unsere Energieversorgung und unser Beitrag zum globalen Klimaschutz für die kommenden 40 Jahre. Es geht darum, alte Kohlekraftwerke im nächsten Jahrzehnt abzuschalten. Doch wodurch werden wir sie ersetzen – durch neue Kohlekraftwerke der Großkonzerne? Oder durch Bürgerstrom?

Das neue System der Bürger-Energie

Fassen wir zusammen: Wir haben es mit einem klassischen Zielkonflikt zu tun. Das alte System wehrt sich gegen das neue System. Die klassischen Energieversorger bekämpfen die neuen Energiebürger. Denn: Sie leben sehr gut in dem alten System. Je schneller und besser die Energiewende vorankommt, desto schneller fließt das Geld nicht mehr auf die Konten der Energiekonzerne mit ihren alten fossilen Kraftwerken. Denn dezentrale Energieversorgung findet zum großen Teil jenseits der großen Energiekonzerne statt.

Das ist essenziell, denn es beendet den Status quo, der so aussieht: Das Geld fließt aus der Region ab, in der das Kraftwerk steht oder in die der Strom geliefert wird. Zurück bleiben eine zerstörte, aus-gelaugte Natur (wie zum Beispiel im Tagebau rund um Garzweiler), der atomare Abfall (wie zum Beispiel in Atommülllagern wie Gor-leben) und die lokalen Emissionen. Letztere beeinflussen zudem entscheidend unser Klima und tragen zum globalen Klimawandel bei. Der Preis der dreckigen Energie ist nur scheinbar günstig, weil sich viele reale Kosten wie Umweltschäden nicht im Strompreis wie-derfinden und so von der Allgemeinheit über Steuergelder und Versicherungsprämien getragen werden müssen.

Das neue System funktioniert über viele dezentrale Kraftwerke, an denen viele regionale Player wie Kommunen, Energiegenossen-schaften, Bürger und Landwirte beteiligt sind. Ihre Ziele sind die in-dividuelle und regionale Wertschöpfung sowie der Umweltschutz. Die Energieproduktion erfolgt emissionsfrei. Das Geld bleibt nicht immer, aber häufig zu einem großen Teil in der Region oder der Kommune.

Laut einer Studie des Instituts trend research besitzen Bürger fast die Hälfte der in Deutschland installierten Erneuerbare-Energien-Anlagen. Exakt sind es 46 Prozent. Das heißt: Sie sind der größte Player auf dem wichtigsten Zukunftsmarkt unserer Gesellschaft.

Nun haben selbstverständlich auch die Erneuerbare-Energien-Unter-nehmen Lobby-Organisationen, die versuchen, die Politik in ihrem Sinne zu beeinflussen. Allerdings ist das nicht vergleichbar mit dem riesigen, dichten Netz des alten Systems.

Was aus meiner Sicht eklatant fehlt, ist eine Lobby für den Energie-bürger.

Da fehlt es in allen politischen Parteien.

Während das alte System der Konzerne an allen politischen Prozes-sen entscheidend mitmischt, steht das neue System der Energiebür-ger draußen vor der Tür und kann bestenfalls demonstrieren, aber nicht wirklich mitkämpfen und sich auch nicht konstruktiv einbrin-gen. Das geht nicht. Das ist ein unfairer Kampf, wenn man den einen Kämpfer erst gar nicht in den Ring lässt. Der Energiebürger ist entscheidend für die Zukunft der Energieversorgung. Er muss im politischen Prozess der Energiewende zumindest repräsentiert sein. Noch besser ist es, wenn er aktiv eingebunden wird.

Doch das muss er sich erkämpfen.

9

Vision für die Zukunft

So sieht ein freies, unabhängiges und gutes Leben im Jahr 2033 aus

Wenn man sein Ziel nicht kennt, kann man keinen Weg finden, der zu diesem Ziel führt. Übertragen auf die politische Situation der Gegenwart heißt das: Wenn man das Erneuerbare-Energien-Gesetz (EEG) richtig weiterentwickeln will, muss man eine Vorstellung davon haben, wie die Energieversorgung der Zukunft aussehen soll. Letztlich muss man eine Vorstellung davon haben, wie diese Gesellschaft künftig produzieren und leben will – und kann. Erst wenn man dieses Ziel vor Augen hat, kann man ernsthaft über die unterschiedlichen Wege diskutieren, auf denen man an dieses Ziel gelangt. Und sich dann für einen der Wege entscheiden. Im Moment glaubt man, man könne beides machen – beim Alten bleiben und zum Neuen kommen. Konzerne und Bürger. Kohle und Erneuerbare. Zentral und dezentral.
Aber das geht nicht.

Blick in die Zukunft

3. März 2033. Fußball-Länderspiel Deutschland gegen Italien in München.
Deutschland gewinnt 2:0 durch späte Tore in der 83. und 89. Minute.
Zusammen mit meinem Freund Luca habe ich das Spiel in der Münchner Arena verfolgt. Zehn Minuten vor Spielende bestelle ich mit meiner Smartwatch ein Autro.
Fünf Minuten nach Schlusspfiff fährt es vor der Arena vor.
Es gibt genügend Platz vor dem Stadion, weil wir eine völlig andere Verkehrssituation haben als noch vor zwanzig Jahren. Es gibt kaum noch Parkplätze, fast der gesamte Raum steht der fließenden An- und Abfahrt des Nahverkehrs und der Autros zur Verfügung.

Luca und ich setzen uns hintereinander in das fahrerlose Zweipersonen-Auto, das sofort losschnurrt. Wir sprechen darüber, wie seltsam es uns heute vorkommt, dass jeder von uns früher mal ein eigenes Auto besaß. Absurd. Während das Autro über die Autrobahn schießt, schauen wir uns auf Monitoren die Zusammenfassung des Spiels an und sind dann in gut 90 Minuten wieder zuhause in Mainz.

Das liegt daran, dass der größte Teil der 430 Kilometer auf einer Hochgeschwindigkeitsstrecke zurückgelegt werden kann, auf der das Autro wie ein ICE auf Schienen fährt und der Verkehr auf der Autrobahn immer fließt. Gegenüber dem guten, alten Individualverkehr ist das eine dramatisch verbesserte Mobilität. Gespeist wird das Autro von 100 Prozent Erneuerbaren, die es teilweise selbst aus seinem Lack gewinnt, der tagsüber Sonnenenergie einfängt.

Vom Autro aus schalte ich mit meiner Smartwatch zwanzig Minuten vor Ankunft zuhause die Heizung ein, lasse die Rollläden herunter und programmiere die Südfassade des Hauses so, dass sie bei der Ankunft schwarz-rot-gold leuchtet. Was kein Nationalismus ist, sondern Fanbegeisterung. Die großen Spiele zwischen den europäischen Fußballnationen sind in den politisch und wirtschaftlich vereinten Staaten von Europa schöne Gelegenheiten, um nationale Kulturidentitäten zu pflegen.

Organische Solarzellen am Haus

Mein Haus hängt schon lange nicht mehr am Stromnetz, sondern ist ein energieautarkes Aktivhaus. Es produziert Energie, anstatt sie nur zu verbrauchen. Mal abgesehen von ein paar Pellets für den Kamin. Das Stadion macht das übrigens auch. Seine Außenhülle ist komplett mit organischen Solarzellen aus Kohlenwasserstoff-Verbindungen verkleidet, die preiswert, einfach zu handhaben und mittlerweile sehr effizient sind. Damit wird tagsüber Strom produziert und gespeichert. Alle Atomkraftwerke sind inzwischen abgeschaltet, auch die Franzosen haben sich ihre AKW nicht mehr leisten können. Und die Chinesen mussten ihr letztes Kohlekraftwerk 2030 abschalten, weil sie sonst keine Luft mehr zum Atmen gehabt hätten. Am besten erkennt man das Umdenken vermutlich in der Wirtschaft. Energieintensive Unternehmen haben die alteingesessenen Industriestandorte verlassen und sich in der Nähe von wind- und sonnenstarken Standorten angesiedelt. Es blieb ihnen nichts anderes übrig, um auch künftig im Geschäft zu bleiben. Einige Traditionsunternehmen haben unter großer politischer Aufregung ihren Sitz aus dem Süden nach Schleswig-Holstein und Mecklenburg-Vorpommern verlagert. Das ist naheliegend, weil in Meeresnähe guter Wind weht und viel Sonne scheint. Aber es ist nicht zwangsläufig notwendig. Es gibt genügend gute Standorte in Süddeutschland, in Regionen, die inzwischen auch florieren. Aber diese Standorte liegen auf den Höhen der Mittelgebirge oder im Schwarzwald. Hier scheint nicht nur die Sonne, sondern es weht auch ein guter, kräftiger Wind.

Photovoltaik ist längst ein selbstverständlicher Bestandteil des normalen Haushaltes. Sie wird nahezu überall genutzt. Überall, wo es geht, ist die Gebäudehülle mit Photovoltaik ausgestattet. Das Haus ist zudem mit einer speziellen Farbe gestrichen, die ebenfalls Strom produziert. Die Solarzellen haben im Jahr 2033 einen Wirkungsgrad von 50 Prozent. Die Module sind flexibel, der zur Mittagszeit produzierte und nicht sofort gebrauchte Strom wird in Batteriespeichern im Keller oder in den Batterien der Autros zwischengespeichert. Die Batterien sind dann auch nicht mehr groß und schwer, sondern hauchdünn und in die Karosserie integriet.

Der Strom kann wahlweise auch in Gas umgewandelt werden und kommt dann ins Gasnetz. Von hier aus kann er bei Bedarf in Blockheizkraftwerken wiederum umgewandelt werden. Zusätzliche Energie produziere ich am Körper, mit hochleistungsfähigen Modulen, die in meine Kleidung integriert sind. So kann ich zum Beispiel mobile Endgeräte direkt und ganz bequem aufladen.

Die weiterentwickelten Module können viel mehr Licht als noch vor zwanzig Jahren einfangen, nämlich das ganze Lichtspektrum und nicht mehr nur einen Teil. So lange es hell ist, ist auch Sonnenstrahlung in der Luft, und die fangen wir inzwischen zu einem beträchtlichen Teil ein.

Für die wenigen Fälle, in denen der Solarstrom nicht ausreicht, wird die Wärme des Pelletofens mitgenutzt, um den nötigen Reststrom zu erzeugen. Die Pellets werden einmal im Jahr automatisch angeliefert. Sie werden so verbrannt, dass dabei keine Asche entsteht. Wenn es im Winter draußen bitterkalt ist, läuft der Pelletofen halt ein bisschen mehr.

Dramatisch niedrige Energiekosten

Ansonsten sind alle Geräte so programmiert, dass sie vor allem dann Energie verbrauchen, wenn die Photovoltaik-Anlagen den

Strom liefern, also besonders zur Mittagszeit. Durch die Kombination von Strom- und Wärmeerzeugung und energieeffiziente Haushalts- und Technikgeräte sind die Energiekosten dementsprechend dramatisch gesunken. LED ist das Licht des Jahres 2033 – es leuchtet in verschiedensten Farben, aber jetzt gibt es auch sehr warmes LED-Licht zur Auswahl.

Ich habe auch keinen riesigen, klotzigen Fernseher mehr, der mit viel Energieaufwand hergestellt werden musste und relativ viel Strom verbraucht. Meine Wohnzimmerwand ist mit einem speziellen Lack bestrichen, auf den das Bild projiziert wird. So habe ich eine beliebig wählbare Bildgröße bis hin zum Kinoformat und gleichzeitig einen sehr geringen Stromverbrauch – vergleichbar mit dem Standby-Verbrauch eines Fernsehers vor zwanzig Jahren.

Manchmal will man ja nicht nur auf der Smartwatch oder der Smartbrille fernsehen, sondern mit vollem Sound ganz großes Kino. Jetzt zum Beispiel. Mein Freund Luca ist noch auf ein Bier mitgekommen. Als Taktikexperte ist er immer noch mit dem Spiel beschäftigt. Er analysiert derweil mit seiner Smartbrille die Fehler der italienischen Defensive bei den Gegentoren. Sein Bier bekommt er aus einem Kühlschrank, der mit seiner Abwärme wieder Strom produziert.

Es gibt sie übrigens schon noch – die guten, alten Autos mit Benzinmotoren. Aber nur noch vereinzelt. Nur die Superreichen haben ein Auto, weil sich sonst kein Mensch mehr Benzin leisten kann. Praktisch ist das nicht, eher Nostalgie. Kein Mensch käme mehr auf die Idee, seine Freiheit oder Unabhängigkeit mit einem eigenen Auto zu verknüpfen. Das Gefühl von Freiheit und wahrhaftiger Unabhängigkeit entsteht durch den Zugang zu und die Produktion von eigener Energie.

Im Jahr 2033 erleben die Menschen eine Unabhängigkeit, wie wir sie heute noch nicht kennen.

Das ist mein Antrieb: Eine Zukunft, in der jeder Mensch einfachen, unabhängigen und günstigen Zugang zu Energie hat.

Deshalb unterbreite ich der Kanzlerin mein unmoralisches Angebot, und deshalb würde ich mich freuen, wenn sie mein Angebot annimmt. Das ist die großartige demokratische und zukunftsbejahende Idee der Erneuerbaren. Nur so ist Weiterentwicklung möglich und am Ende auch ein friedliches globales Zusammenleben.

Wenn wir diese Zukunft wollen, dann müssen wir jetzt die entsprechenden Weichen stellen.

10

Der Masterplan

Wie die 100-prozentige Energiewende in kürzester Zeit gelingt

Einleitung: Was kann und will dieser Masterplan?

Die Zukunft hat die Eigenschaft, dass man sie nicht sicher voraussagen kann. Man kann sie aber bis zu einem gewissen Punkt gestalten – und das finde ich bei weitem besser und spannender, als nur darauf zu hoffen, dass alles vielleicht doch nicht so schlimm wird. Genau dafür schreibe ich dieses Buch. Damit möglichst viele vor sich sehen, wie eine zukünftige Energieversorgung mit 100 Prozent Erneuerbaren aussieht und wie sie funktioniert. Das ist die notwendige Grundlage, um sich überhaupt entscheiden zu können – dafür oder dagegen.

Es gibt eine einfache Regel, um Gestalter und Verhinderer zu unterscheiden. Wer etwas verändern will, setzt sich ein klares Ziel. Wer etwas verhindern will, sucht Gründe, warum etwas nicht oder nicht so schnell geht.

Es geht mir darum, heute zu klären, was in der Zukunft das beste und volkswirtschaftlich günstigste Energiesystem sein wird. Dafür habe ich einen Masterplan entwickelt. Und natürlich wird sich dieser Masterplan der Kritik stellen müssen.

Die Annahmen, die ihm zugrunde liegen, sind nach bestem Wissen und Gewissen entstanden. Ich weise aber darauf hin, dass es sich nicht um eine wissenschaftliche Arbeit handelt, sondern um einen praxisgeschulten Entwurf, um auf dem besten Weg das Ziel 100 Prozent zu erreichen. Ich mache keine bis aufs Komma exakten Vorgaben zu Leistungen, Tarifen, Orten für Windanlagen oder Speichergrößen. Das wäre nicht zielführend. Es geht mir darum, einen sehr komplexen Prozess nachvollziehbar zu machen, der im Detail manchmal noch komplexer sein kann. Es geht nicht darum, in allem Recht zu haben, sondern aus unseren Zukunftswünschen die entscheidenden Erkenntnisse für heutiges Handeln zu ziehen. Was will ich morgen und was muss ich heute dafür tun? Die grundsätzlichen Fragen, die ich mir bei meinen Überlegungen stelle, sind: Wird die Weltbevölkerung weiter anwachsen? Werden wir in Zukunft noch mehr Energie verbrauchen? Und zu guter Letzt: Was bedeutet es für die Preisentwicklung, dass fossile Rohstoffe zur Neige gehen?

Warum braucht es den Masterplan?
Weil fossile Energien künftig nicht mehr bezahlbar sind

In den letzten zehn Jahren ist der Ölpreis auf mehr als das Vierfache angestiegen.
Das ist ein Fakt. In den nächsten zwanzig Jahren wird sich der weltweite Energieverbrauch verdoppeln. Das ist eine ziemlich wahrscheinliche Annahme. Peak Oil, der Höhepunkt der Ölförderung, ist global schon überschritten. Was wir täglich an Öl, Kohle und Gas verbrennen, ist in der Natur in einer Million Jahren entstanden. Wir haben schon einen Großteil der Vorräte verbraucht und dabei die Erdatmosphäre verpestet und das Klima aus dem Gleichgewicht gebracht. Das kann nicht nachhaltig sein.

Energiekosten: Entwicklung 1992–2012

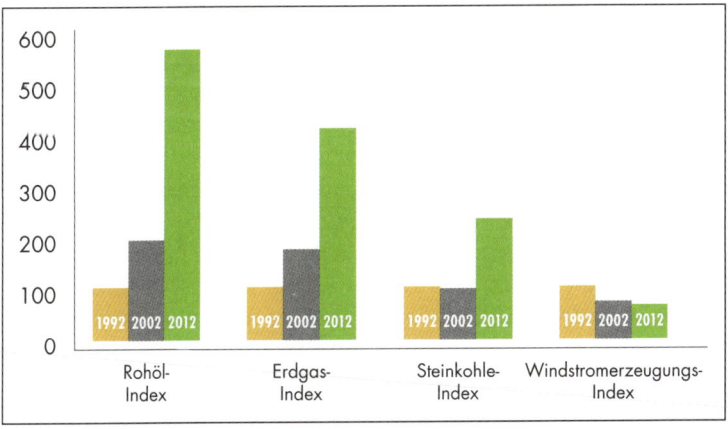

Quellen: Bundeswirtschaftsministerium, 2013; Deutsche Windguard, 2013

Vielleicht können sich die USA mit der Fracking-Methode für ein paar Jahre unabhängiger von russischem Gas oder saudischem Öl machen. Aber das wird nicht einmal eine Generation reichen. Und die USA sind längst nicht mehr der größte Energieverbraucher. China hat sie überholt, Indien sowie Schwellenländer wie Brasilien intensivieren ihre Industrialisierung und werden ihre Produktion und ihr Wirtschaftswachstum – und damit ihren Energieverbrauch – in den nächsten Jahren gewaltig erhöhen.

In Deutschland gibt es bei 80 Millionen Menschen etwa 50 Millionen Autos. Weltweit gibt es gut 800 Millionen Autos bei sieben Milliarden Menschen – und bald werden es neun Milliarden Menschen sein. Können wir den neuen Mittelschichten das Konsumieren verbieten? Sicher nicht. Nehmen wir also an, diese Menschen würden alle auch ein Auto besitzen. Und Handy, Laptop, Kühlschrank, Klimaanlage.

Dann würde der Energiebedarf in den nächsten fünfzehn bis zwanzig Jahren nicht nur um 50 Prozent steigen, sondern all unsere Vorstellungen übertreffen.

Eine Versorgung mit konventionellen Energien wäre schlicht nicht mehr möglich.

Egal, wie lange es noch reicht: Es ist klar, dass all diese Bedürfnisse nicht mit billigem Öl zu befriedigen sind. Vor allem kann unser Planet die zusätzlichen Milliarden mit fossilen Brennstoffen betriebenen Autos und Klimaanlagen nicht mehr vertragen und wird sich weiter aufheizen. Das wirkt sich nicht nur auf Eisbären und andere Tierarten aus, es führt zu Nahrungskrisen, extremen Wetterkatastrophen, Klimaflüchtlingen und Klimakriegen. Zudem ist Erdöl das „Schmiermittel" der Wirtschaft und wird auch außerhalb des Energiebereichs vielfältig verwendet. Wir brauchen Öl zum Beispiel in der chemischen Industrie, etwa für die Erstellung von Kunststoffen oder Medikamenten. Wir können es uns nicht mehr leisten, es einfach zu verbrennen und in die Luft zu blasen.

Immer weniger Ressourcen, immer höhere Nachfrage und Warenproduktion bei sich dramatisch beschleunigendem Klimawandel. Demgegenüber steht ein sinkendes Angebot an fossilen Rohstoffen. Und jeder Liter Öl, der verbrannt wird, ist unwiederbringlich verloren. Man muss kein Betriebswirtschaftsguru sein, um zu wissen, dass Angebot und Nachfrage den Preis bestimmen. Je weniger da ist und je mehr nachgefragt wird, desto teurer wird es. Die Energiewende hat nicht nur eine soziale und ökologische Dimension, sie hat vor allem eine enorme ökonomische Bedeutung. Die Euro-Krise ist auch eine Energiekrise, weil die EU immer mehr Geld für teure fossile Rohstoffimporte ausgeben muss. Die Wahrheit ist: Europa kann sich die teure Strom- und Benzinrechnung schon jetzt nicht mehr leisten.

Meine Grundthese für den Masterplan lautet daher: Konventionelle Energien werden in Zukunft wegen der teuren Rohstoffpreise nicht mehr bezahlbar sein.

Woraus folgt: Wenn wir so weitermachen, werden Kämpfe und Kriege um die endlichen Ressourcen unvermeidbar. Entsprechend wird die Umweltzerstörung noch rasanter als heute zunehmen. Es wird eine immer stärkere Kartellbildung und eine Konzentration auf wenige global agierende Unternehmen geben, die ihre Macht gegenüber Staaten noch weiter ausbauen werden. Von Bürgerrechten ganz zu schweigen. Man wird roden, man wird Dörfer und Regionen wegbaggern und unter noch größerem Energieaufwand und vermehrter Freisetzung schädlicher Klimagase das letzte Öl aus Schiefer und Teersanden herauspressen. Das ist sehr teuer, aber bei steigenden Preisen kann man damit viel Geld verdienen. Selbst die wertvollsten Naturräume werden dann kein Tabu mehr sein. Das Gleiche gilt für Fracking, eine Fördermethode, bei der man mithilfe von giftigen Chemikalien Erdgas aus tiefen Erdschichten gewinnt. Mit Chemikalien, die unser Trinkwasser gefährden. Fracking ist keine Lösung, wie heute oft behauptet wird. Es ist die Fortsetzung des Problems und allenfalls eine weitere Verzögerung der Lösung.

Wie werden sich die Energiekosten in Deutschland entwickeln?

Entscheidend für unsere Zukunft ist, ob wir annehmen können, dass der Rohstoffpreis stabil bleibt und wir mit 100 Milliarden Euro jährlich auskommen oder ob wir mit einer Steigerung rechnen müssen. Kurz nachdem Umweltminister Peter Altmaier im Frühjahr 2013 sein Papier zur „Strompreisbremse" vorgelegt hatte, bekam ich Gelegenheit, ihn in seinem Büro im Umweltministerium zu sprechen. Er rechnete mir mit Stift und Block vor, wie er auf die eine Billion Euro kam, die er als Kosten der Energiewende bezifferte. Allerdings hatte er die Häusersanierung eingerechnet, um auf die schöne Billion zu kommen. Sicherlich, der Gebäudebestand trägt zu einem Drittel zu unseren CO_2-Emissionen bei – mit der EEG-Umlage hat das aber nichts zu tun. Dennoch: Mathematisch war bei seinem Szenario vieles korrekt.

Aber er rechnete mit gleichbleibenden Preisen bei den Erneuerbaren. Dabei ignoriert er aber die Innovationen und Lernkurven der letzten Jahre und die dadurch bereits erreichten Preissenkungen. Was aber noch schwerer wiegt: Altmaier geht von gleichbleibenden beziehungsweise leicht sinkenden Rohstoffpreisen aus. Ich denke, da irrt er gewaltig.

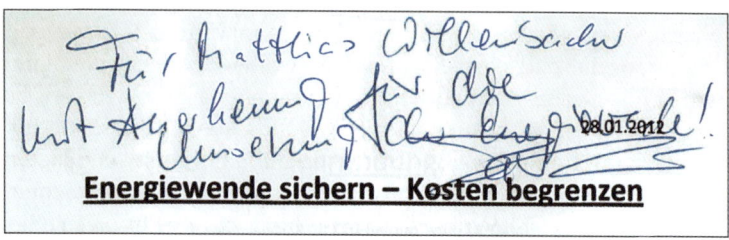

Minister Altmaier würdigt meine Verdienste für die Energiewende.

Angesichts der genannten globalen Parameter muss man auch in Deutschland von einer Steigerung ausgehen. Eine Steigerung um wenige Prozent führt zu steigenden Kosten für Importe von Energierohstoffen von heute 100 Milliarden Euro pro Jahr auf etwa 250 Milliarden innerhalb von zwei Jahrzehnten. Zum Vergleich: Der Bundeshaushalt 2013 mit allen seinen Ausgaben liegt bei 300 Milliarden Euro. Auch wenn man nur mit einer Verdopplung rechnet, müsste ein Durchschnittshaushalt für das Heizen mit Öl statt 2.000 Euro dann 4.000 Euro zahlen. Bei einer Preissteigerung um das Vierfache wäre Autofahren und Heizen für sehr viele Deutsche nicht mehr bezahlbar.

Diese Summen muss man in Relation setzen zu den 15 oder 20 Milliarden Euro für die EEG-Umlage, über die wir heute diskutieren. Speziell, wenn man bedenkt, dass die Gewinne der großen Energiekonzerne in den letzten Jahren – in der Summe sprechen wir von weit über 100 Milliarden Euro – immer höher waren als die Kosten dieser Umlage. Und das selbst im Jahr 2012.

Wenn die Politik ehrliche CO_2-Preise zulassen würde, dann wären das jetzt schon 30 bis 70 Euro pro Tonne. Diese Kosten fallen heute und in Zukunft an – sie tauchen aber in der Stromrechnung nicht auf, sondern werden vom Staat und somit über Steuern finanziert. In 2012 wurden in Deutschland 317 Millionen Tonnen CO_2 durch

Kraftwerke in die Luft geblasen. Bei nur 30 Euro pro Tonne wären das knapp 10 Milliarden Euro pro Jahr. Ich sage das nur, um die Verhältnismäßigkeit zu verdeutlichen.

Die Kosten für Atomstrom sind im Grunde nicht seriös kalkulierbar und absehbar: Die Endlagerung und den Abbau der Atomkraftwerke werden finanziell letztlich zum großen Teil die Bürger tragen müssen. Und ein Super-Gau ist nicht mehr bezahlbar. Auch hier sind viele Milliarden Euro aufgelaufen, die die Bürger bereits durch ihre Steuern bezahlt haben – und es werden noch viele Milliarden hinzukommen. Diese Kosten lassen sich auch nicht vollständig eliminieren, wenn wir sofort auf 100 Prozent Erneuerbare umsteigen. Aber wir können sie eingrenzen und den Super-Gau in Deutschland verhindern.

Dabei bezahlen wir im Moment schon zu viel für Rohstoffimporte und verlieren dadurch eigene Wertschöpfung. Wir subventionieren Energie für die Wirtschaft und zahlen als Volkswirtschaft trotzdem, denn die Allgemeinheit übernimmt den Preis ja.

Was folgt daraus, dass wir Energie mit fossilen Ressourcen gewinnen, die immer weniger und teurer werden, verstärkte Verteilungskriege erwarten lassen und durch ihre Auswirkungen auf das globale Klima die Zukunft der Gesellschaft zerstören?
Ist das „alternativlos", wie es in der Politik heute gerne heißt, oder gibt es eine Lösung, uns von den volatilen, sehr wahrscheinlich steigenden Kosten zu befreien? Können wir trotzdem die Wirtschaft wettbewerbsfähig halten und gleichzeitig die Abhängigkeit der Bürger von der Großindustrie verringern?
Gibt es nicht doch eine Alternative?

Die Alternative: Energieversorgung mit Wind und Sonne

Die logische Folgerung des beschriebenen Dilemmas ist simpel: Wir müssen uns unabhängig machen von dem begrenzten Markt der konventionellen Ressourcen.
Eine Energieversorgung auf der Annahme zu planen, dass die Rohstoffpreise stabil bleiben, ist eine hochspekulative Wette auf die Zukunft und daher ein großes Risiko. Wenn wir auf Wind und Sonne setzen und uns unabhängig von Importen und Rohstoffen machen, machen wir uns auch unabhängig von einer Harakiri-Spekulation und haben verlässlich stabile Preise. Das ist ein fundamentaler Unterschied.

Und wie bekommen wir das hin? Indem wir auf den Mix aus unbegrenzten Ressourcen setzen, der am besten zu Deutschland passt – auf Wind und Sonne.

In Norwegen funktioniert Wasserkraft am besten, in Costa Rica auch. In Deutschland ist die beste Lösung ein Mix, der vorwiegend aus Wind und Sonne besteht. Wind und Sonne, aber auch Wasser und Erdwärme sind unbegrenzte Ressourcen und Grundversorgungsenergien. Sie sind kostenlos verfügbar.

Es gibt mehr als genügend: Jeden Tag wird 15.000 Mal mehr Energie auf die Erde eingestrahlt, als tatsächlicher Energiebedarf besteht. Wind und Sonne können überall geerntet werden. Sie unterliegen somit auch keinen Märkten. Daraus folgt: Der Preis für diesen Strom wird fast ausschließlich durch die Investition bestimmt.

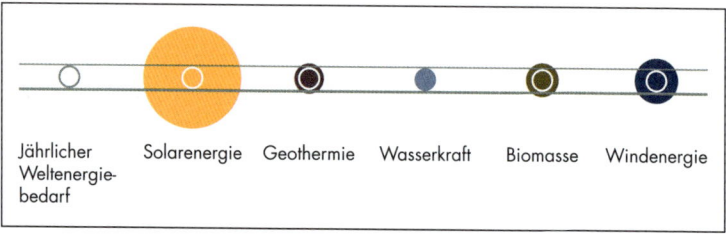

Die Sonne liefert ein Vielfaches der Energie, die wir weltweit benötigen.

Die Technologie entwickelt sich stetig weiter. Neue Innovationen werden die Kosten weiter sinken lassen. Dennoch müssen wir jetzt einsteigen, weil unsere Energieversorgung sonst zu teuer wird. Es sind ehrliche Preise, die alle Kosten enthalten. Es gibt keine versteckten oder verschwiegenen Kosten mehr. Wind und Sonne verursachen diese Kosten gar nicht. Das heißt: Sie zerstören die Umwelt nicht, hinterlassen keine Atomabfälle und heizen das Klima nicht an. Wir sind nicht mehr abhängig von Importen aus unsicheren Ländern.

Wir sind nicht mehr abhängig von Konzernen, die den Gewinn zuungunsten von Bürgern und Kommunen abzweigen.

Der Masterplan – und darum geht es mir – ist kein illusionäres Weltrettungsszenario. Seine Aufgabe ist es, Wind und Sonne so zu kombinieren, dass man eine verlässliche Versorgung zu unschlagbar günstigen Preisen erhält. Wind und Sonne sind also nicht nur ökologischer und sozialer, sie sind auch die volkswirtschaftlich beste Lösung.

Warum Wind und Sonne? Die Rahmenbedingungen des Masterplans

Die konkreten Fragen des Masterplans lauten: Wie sind diese erneuerbaren Energieträger anzuordnen? Gehören alle Windanlagen nach Norddeutschland und alle Photovoltaik-Anlagen in den Süden? Müssen wir nicht mehr Wasser- und Biomasse-Kraftwerke einsetzen, weil sie Strom stetiger, also gleichmäßiger produzieren? Wie viel Speicher brauchen wir tatsächlich und gibt es diese Speicher überhaupt?

Um eine optimale Energieversorgung aufbauen zu können, müssen zunächst die Rahmenbedingungen beachtet werden. Das sind für mich Speicher, Transport, Wetter, Verfügbarkeit, Rolle der Wasserkraft, Rolle der Bioenergie.

Speicher

Für Stromspeicher gibt es viele technische Umsetzungen. Aber Speichern ist und bleibt auch in Zukunft die teuerste Möglichkeit, Strom zu nutzen. Speicherstrom ist zwei- bis dreimal so teuer wie direkt zu verbrauchender Strom. Dafür gibt es mehrere Gründe: Die Investitionskosten für die Speicherung sind ähnlich hoch wie die Kosten für die Produktionsanlagen von Strom. Die Speicheranlagen werden nur temporär gebraucht und kommen damit auf wenige Betriebsstunden. Die Verluste bei der Speicherung sind in der Regel hoch, es sei denn man speichert in modernen Batterien.

Transport

Der Stromtransport über Hochspannungsnetze und weite Strecken ist teuer. Das gilt vor allem, wenn neue und große Investitionen damit verbunden sind. Netze sind keine Speicher. Sie können nur Überschüsse in andere Regionen transportieren, aber das eben nur gleichzeitig. Netze werden noch teurer, wenn sie nur wenige Stunden im Jahr wirklich gebraucht werden. Auch der Transport von Strom ist mit großen Verlusten verbunden.

Neue Stromautobahnen bringen keine echte Wertschöpfung. Das kann man am besten erklären durch einen Vergleich mit konventionellen Autobahnen: Würde man alle Autobahnen so ausbauen, dass sowohl alle LKW als auch jeder Porsche selbst an einem Freitagnachmittag vor einem Oster- oder Urlaubswochenende mit Vollgas fahren könnten, hätte das vermutlich zehnspurige Fahrbahnen zur Folge. Angenehm für den Porschefahrer, schlecht für die Umwelt und schlicht unbezahlbar für den Staat. Im Normalfall kommt man mit zwei oder drei Spuren aus. Und daran sollte man sich orientieren – nicht daran, dass jeder zu jederzeit Vollgas geben kann. Doch genau das passiert im Moment in der Energiepolitik. Der geplante Netzausbau orientiert sich nicht an den Zielen der Energiewende, sondern am Ziel der Energiekonzerne, ihre Kohlekraftwerke weiterlaufen zu lassen. Die Stromautobahnen werden nur gebraucht, wenn man künftig Erneuerbare vollständig und dazu überschüssigen Kohlestrom nach Süden transportieren will.

Wetter

Es gibt selbstverständlich landesweit dominierende Hochdrucklagen und Tiefdruckgebiete ohne Sonne. Aber es ist selten, dass wirklich ganz Deutschland das gleiche Wetter hat. In den 800 Stunden im Jahr, in denen rund um die Nordsee Flaute herrscht, haben wir beispielsweise im Südschwarzwald zu 80 Prozent starken Wind.

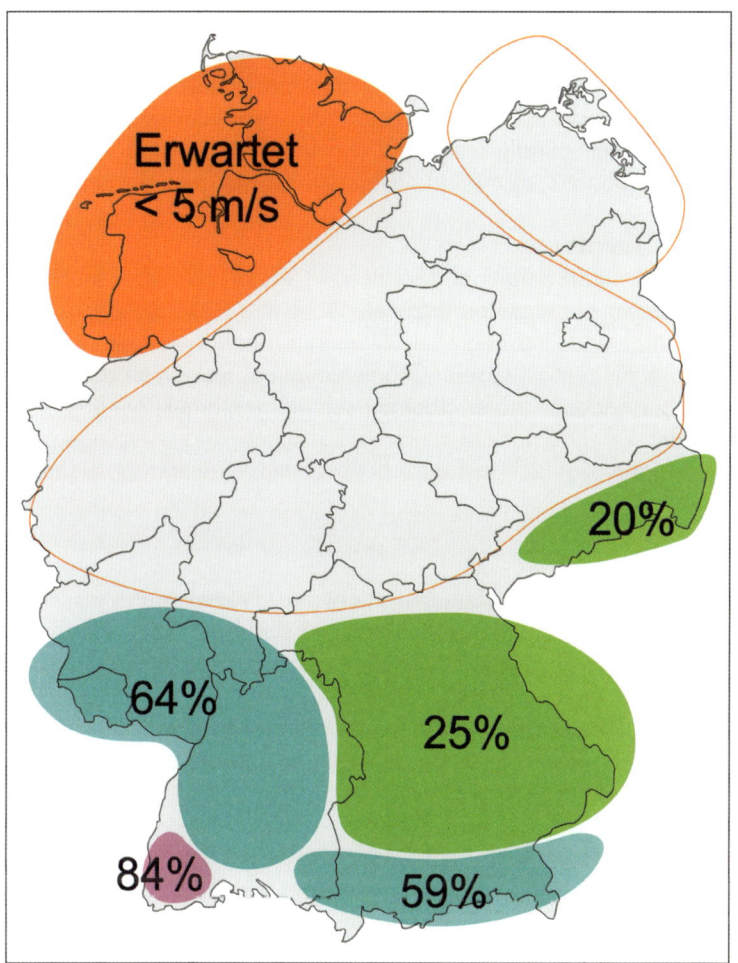

Unterdurchschnittliche Winde im Norden (weniger als 5 Meter pro Sekunde) können leicht durch gute Windverhältnisse in Süddeutschland ausgeglichen werden.

Verfügbarkeit

Wind und Sonne haben eine solitäre Verfügbarkeit. Sie stehen in ganz Deutschland zur Verfügung; das Potential übersteigt den Bedarf um ein Vielfaches. Die Produktion von Strom aus Wind und Sonne ist am günstigsten – und das langfristig. Daher nenne ich Wind und Sonne unsere Grundversorgungsenergien.

Wasserkraft

Große Wasserkraftanlagen können mit Wind und Sonne mithalten oder sogar günstiger produzieren. Aber ihre Einsatzmöglichkeiten in Deutschland sind begrenzt. Wasserkraft hat derzeit einen Anteil von drei Prozent an unserer Stromerzeugung. Der Anteil kann zwar noch ausgebaut werden, aber nur sehr eingeschränkt auf etwa fünf Prozent. Wir haben nicht die landschaftlichen Voraussetzungen von Norwegen, das sich fast ausschließlich mit Wasserkraft versorgen kann.

Biorohstoffe

Strom aus Biogas zu erzeugen ist etwa 50 Prozent teurer als Strom aus Wind oder Sonne. Die Biorohstoffe sind begrenzt, müssen erst angebaut werden und stehen in Konkurrenz zu einem anderen Anbau.

Unter Berücksichtigung dieser Leitplanken kann man nun das optimale System unserer künftigen Energieversorgung aufbauen – den Kern meines Masterplans.

Die Essentials der volkswirtschaftlich besten Energieversorgung mit Wind und Sonne

Wir haben ein Dilemma (fossile Energien sind begrenzt und führen in verschiedene Sackgassen) und wir haben eine Lösung (Wind und Sonne). Nun geht es um die beste und volkswirtschaftlich sinnvollste Konkretion dieser Lösung. Wie können wir Wind und Sonne so geschickt kombinieren, dass wir unsere Wirtschaft nicht abwürgen, sondern ankurbeln und dabei zusätzlich Staat und Menschen entlasten?

Die Zauberformel lautet: Wir müssen uns soweit wie möglich mit vor Ort erzeugter und direkt verbrauchter Energie aus Wind und Sonne versorgen, um Speicherung und Transport sowie den Einsatz von Bioenergie weitgehend zu vermeiden. Das Motto lautet:

So nah an den Stromverbraucher heran wie möglich. Das erreichen wir, indem wir die Wind- und Solaranlagen möglichst gleichmäßig über ganz Deutschland verteilen – und zwar an den regional besten und windstärksten Standorten, sofern dies naturschutzrechtlich möglich ist. Wenn wir den Masterplan richtig umsetzen, brauchen wir nicht mehr als die heutigen fast 25.000 Windräder. Zudem brauchen wir Wind- und Solaranlagen, die möglichst stetig, also gleichmäßig Strom einspeisen. Zur Stetigkeit gehören hohe Volllaststunden. Wir brauchen bei Windanlagen mindestens 4.000 Volllaststunden statt wie bisher im Schnitt 2.000 – und an exponierten Standorten und an der Küste auch mehr. Bei Solaranlagen brauchen wir statt bisher 1.000 künftig 1.500 bis 2.000 Volllaststunden. Das ist machbar.

Entwicklung der Windkraftanlagen

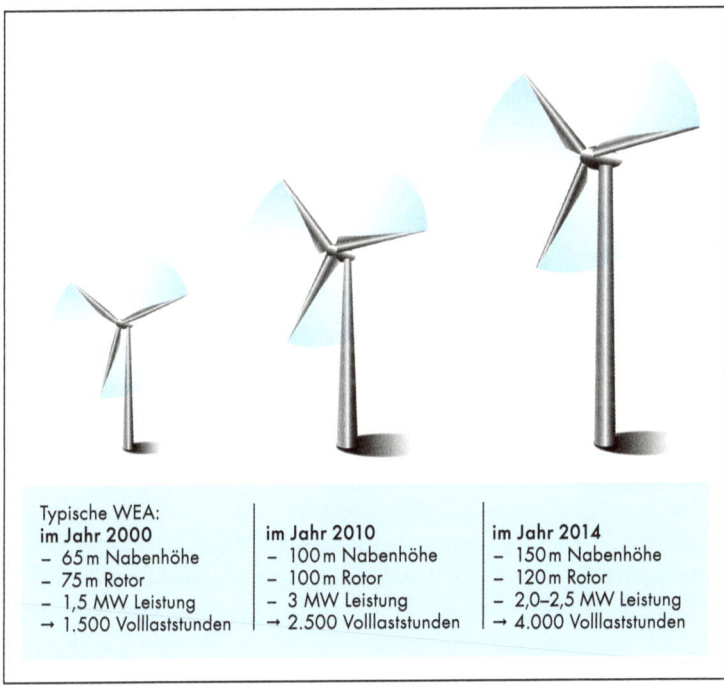

Typische WEA: im Jahr 2000	im Jahr 2010	im Jahr 2014
– 65 m Nabenhöhe	– 100 m Nabenhöhe	– 150 m Nabenhöhe
– 75 m Rotor	– 100 m Rotor	– 120 m Rotor
– 1,5 MW Leistung	– 3 MW Leistung	– 2,0–2,5 MW Leistung
→ 1.500 Volllaststunden	→ 2.500 Volllaststunden	→ 4.000 Volllaststunden

In den vergangenen Jahren haben Windkraftanlagen eine enorme Entwicklung gemacht und produzieren immer mehr Strom. Das Ende dieser Entwicklung ist nicht abzusehen.
Quelle: Berechnung und Darstellung durch 100 prozent erneuerbar stiftung

Was sind Vollaststunden und warum sind 4.000 bis 5.000 Vollaststunden für Windräder volkswirtschaftlich die beste Lösung?

Beim Verfassen dieses Buches hat man mich immer wieder gewarnt, nicht zu „kompliziert" und „wissenschaftlich" zu erzählen und zu argumentieren. Ich gebe mein Bestes. Sicher fällt es mir als Physiker leichter als anderen, bestimmte technische Dinge zu verstehen. Dafür bin ich in Fremdsprachen oder Musik wenig talentiert. Wenn ich sage, dass ich Physiker bin, ist interessanterweise die häufigste Reaktion: „Oh, das hab ich nach der 10. Klasse abgewählt!"

Den Begriff „Vollaststunde" möchte ich trotzdem in einer gewissen Ausführlichkeit erklären. Denn mit diesem Begriff kann man – wenn man seine Bedeutung einmal verstanden hat – vieles nachvollziehen. Außerdem ist mir aufgefallen: Er wird von vielen und reichlich verwendet. Aber nicht selten habe ich dabei das Gefühl: Manch einer weiß gar nicht, wovon er spricht. Meine Erklärung ist also mit der Hoffnung verbunden, dass viele, die bereits darüber reden, es danach auch wirklich verstehen – insbesondere die Entscheider über unsere zukünftige Energieversorgung.

Was also sind diese ominösen Vollaststunden?

Ich versuche es mit einer hoffentlich allgemeinverständlichen Analogie aus der Landwirtschaft – auch, um den Unterschied zwischen Energie und Leistung zu erklären. Nehmen wir an, der Landwirt hat ein Pferd, einen Pflug und einen großen Acker. Wenn das Pferd seine volle Leistung abruft, entspricht dies einer Pferdestärke (1 PS ≈ 0,74 Kilowatt). Um den großen Acker zu pflügen, braucht der Landwirt mit einem Pferd bei voller Leistung rund zehn Stunden. Die Leistung (des Pferdes) beträgt also 1 PS (0,74 kW), die verrichtete Arbeit (= Energie) beträgt 10 PSh (10 Stunden x 1 PS). Die Vollaststundenzahl (des Kraftwerks „Pferd") berechnet sich dann aus der Energiemenge geteilt durch die Leistung des Pferdes – hier also 10 PSh geteilt durch 1 PS. In diesem Fall liegt sie also bei zehn Stunden.

Nehmen wir nun an, der Landwirt könnte das Pferd nur mit halber Kraft laufen lassen, weil es beispielsweise eine Zusatzlast tragen müsste. Die für das Pflügen des Ackers abgerufene Leistung wäre dann nur ein halbes PS. Innerhalb von zehn Stunden würde das Pferd dann eine Arbeit (= Energie) von 5 PSh verrichten; das heißt, es würde den halben Acker pflügen. Und die Volllaststundenzahl? Sie betrüge nun 5 PSh (Energiemenge) geteilt durch 1 PS (maximale Leistung) – das wären dann nur noch fünf Volllaststunden. Auch wenn die Arbeitszeit des Pferdes zehn Stunden betrüge.

Ich hoffe, der Begriff „Volllaststunde" hat nun etwas an Klarheit gewonnen. In der Kraftwerks- und Energietechnik hat sich die Volllaststundenzahl als Kenngröße für den Vergleich von Technologien und Standorten etabliert. Seit vielen Jahren höre ich dabei das Argument, dass die Effizienz von Windkraft zu gering sei, weil die Volllaststunden deutlich geringer seien als bei konventionellen Kraftwerken.

Doch der Vergleich ist nicht zulässig: Die Volllaststunde ist kein Maß, um den Ertrag von Windanlagen mit konventionellen Kraftwerken zu vergleichen. Bei Kohlekraftwerken ist die Volllaststundenzahl in der Regel recht hoch und entspricht beinahe der Nutzungszeit, weil man immer den Brennstoff Kohle zuführen kann. Das ist bei Windenergie- und Solarstrom-Anlagen anders, da der „Brennstoff" Wind bzw. Sonne schwankend ist, aber eben kostenlos. Es kommt also darauf an, wie wirtschaftlich man die Umwandlung gestalten kann und nicht darauf, wie „gut" der Generator ausgenutzt wird. Konkret: Es geht darum, eine Volllaststundenzahl zu finden, die ideal für unser zukünftiges System ist.

Aber ist es denn überhaupt möglich, den Generator immer oder fast immer voll auszulasten?

JA, es ist möglich – sogar technisch sehr einfach und das auch an durchschnittlichen Windstandorten im Binnenland:

Bei der Windenergie können wir das erreichen, wenn wir einen sehr kleinen Generator (mit beispielsweise 100 PS = 74 kW, was ungefähr der Leistung eines Automotors entspricht) mit einem sehr großen Rotor von beispielsweise 120 Metern Durchmesser kombinieren. Schon ein laues Lüftchen hat dann die

Kraft, um den Generator mit maximaler Leistung anzutreiben. Und das wäre der Fall bei etwa 7.500 bis 8.000 Stunden – von 8.760 Stunden, die das Jahr hat.

Aus Sicht eines Technikers wäre es ideal, wenn das Windrad nahezu jeden Tag zuverlässig die gleiche Leistung erzeugte – eben wie ein konventionelles Kraftwerk.

Warum macht man das nicht?

Die Strommenge, die ein Windrad in einem Jahr produziert, hängt zuvorderst von der Windgeschwindigkeit und dann von der Fläche ab, die den Wind einfängt, also vom Rotordurchmesser. Sie hängt deutlich weniger von der Generatorleistung ab. Wenn der Generator ständig mit maximaler Leistung laufen würde, könnten wir schon bei etwas höheren Windgeschwindigkeiten die im Wind enthaltene Energie nicht mehr nutzen, weil wir alles oberhalb der Generatorleistung abkappen würden. Die verschenkte Energie wäre zu groß und der Preis für eine Kilowattstunde Windstrom zu teuer, weil der nutzbare Energieertrag in keinem sinnvollen Verhältnis zu den Baukosten der Windenergie-Anlage stehen würde.

Man kann also sehr viel mehr Strom produzieren, wenn man – bei gleichem Rotordurchmesser – mit einem möglichst großen Generator arbeitet und so auch bei höheren Windgeschwindigkeiten deutlich mehr Energie ernten kann. Doch damit reduziert man die Volllaststundenzahl. In der Vergangenheit war das Standard, weshalb wir heute an vielen Standorten durchschnittliche Volllaststundenzahlen zwischen 2.000 und 2.500 haben.

Bei sehr hohen Windgeschwindigkeiten hat man dadurch so viel Leistung, dass diese nicht mehr abtransportiert werden kann. Also müsste man das Stromnetz massiv ausbauen oder für die produzierten Strommengen riesige Speichermöglichkeiten schaffen. Was für die Einzelanlage eventuell als optimale wirtschaftliche Lösung erscheinen mag, ist im Gesamtsystem unter volkswirtschaftlichen Aspekten – das heißt unter Einbezug aller Kosten – nicht die beste Lösung.

Das Ziel: Ermittlung des richtigen Verhältnisses zwischen maximalem Ertrag und maximaler Auslastung.

Es geht also darum, das richtige Verhältnis zu finden zwischen dem technischen Ziel der gleichmäßigen Stromproduktion und dem wirtschaftlichen Ziel einer möglichst großen Stromproduktion unter Berücksichtigung der Anschaffungskosten. Der optimale Wert für die zukünftige Versorgung ist ein Kompromiss zwischen individueller Wirtschaftlichkeit der Einzelanlage und der Technik. Der Kompromiss liegt bei etwa 4.000 bis 5.000 Volllaststunden – 4.000 an durchschnittlichen Landstandorten und 5000 an sehr windstarken Landstandorten.

Warum ist das ideal? Bei 7.000 bis 8.000 Volllaststunden hätte man eine Vervielfachung der Kosten des Windstroms. Im Bereich 4.000 bis 5.000 erhöhen sich die Kosten für den Windstrom dagegen nur um wenige Prozent, da man auf der einen Seite Geld für den größeren Generator und die stärkere Auslegung der Anlage und den Netzanschluss sparen kann und auf der anderen Seite nur wenige hundert Stunden im Jahr eine höhere Stromproduktion abkappt.

Bisher hat man die Windkraftanlage jedoch nur isoliert betrachtet und die Gesamtzusammenhänge dabei ausgeblendet, da sie in der ersten Phase der Energiewende auch keine Rolle gespielt haben. Nun geht es allerdings um die Komplettversorgung durch Wind und Sonne – nun muss man die Summe aller Windenergie-Anlagen betrachten und nicht mehr nur das einzelne Windrad.

Der Wechsel im System wird dazu führen, dass wir ohne eine nennenswerte Erhöhung der Anlagenzahl in der Lage sind, rund 60 Prozent des deutschen Strombedarfs durch Windenergie zu decken. Und das ohne gleichzeitig bei starken Windgeschwindigkeiten die Gesamtleistung über den Bedarf hinaus deutlich zu erhöhen. Wir erhalten so etwa sechsmal so viel Strom bei nahezu gleicher Anlagenzahl.

Auch im Hinblick auf das Landschaftsbild und den Naturschutz ist das eine wichtige Nachricht.

Es ist genügend Potenzial und Platz da, um den entscheidenden Beitrag zur Energiewende zu leisten.

	Ende 2012	Künftig (bisherige Annahmen)	Künftig (intelligent)
Anzahl Anlagen	23.000	**40.000**	25.000
Gesamtleistung	31.000 MW	160.000 MW	80.000 MW
Durchschnittliche Größe	1.350 kW	3–5.000 kW	2–4.000 kW
Volllaststunden	2.000 h	2.000 h	4.000 h
Energieertrag (im Durchschnittsjahr)	62 TWh	320 TWh	320 TWh
Anteil am Strombedarf (540 TWh)	10%	60%	60%

Entwicklung der Windkraftanlagen: heute vs. Zukunft vs.intelligente Zukunft

Auch die Volllaststundenzahl der Solarmodule lässt sich erhöhen – von 1.000 auf 1.500 bis 2.000. Hierfür muss man das Verhältnis zwischen Modulgröße und Wechselrichtergröße verändern.

Solarmodule produzieren Gleichstrom. Daher braucht es einen Wechselrichter, der den Gleichstrom in Wechselstrom umwandelt. Das entscheidende Maß ist der Wechselstrom. Heute haben Module und Wechselrichter einer Solaranlage in der Regel die gleiche Leistung. Wie bei der heutigen Windanlage erreicht man dadurch die maximale Leistung nur bei idealen Bedingungen, also nur zu gewissen Stunden im Jahr.

Aus diesem Grund kann der Wechselrichter künftig deutlich kleiner ausgelegt werden. Gleichzeitig wird die Modulleistung erhöht. Durch die Vergrößerung der Sonneneinfangfläche wird die Ausnutzung des Wechselrichters vergrößert. Dadurch wird der Ertrag an bewölkten Tagen und somit auch im Winter deutlich steigen.

Und wenn mehr Sonne eingefangen wird, als der Wechselrichter verarbeiten kann, werden die Überschüsse gespeichert. Das geschieht vor allem in Batterien. Wenn diese voll sind, wird die Energie mit Pufferspeichern in Wärme (vor allem in warmes Wasser) umgewandelt.

Was machen wir, wenn der Wind nicht weht oder wenn zu viel Wind weht?

Seit fast zwei Jahrzehnten verfolgt mich die Frage der Zweifler: Was wir machen, wenn der Wind nicht weht und die Sonne nicht scheint? Seit einiger Zeit stellt sich eine Zusatzfrage: Was machen wir, wenn zu viel Wind weht und zu viel Sonne scheint? Dies sind entscheidende Fragen. Und hier sind die Antworten. Zwei grundsätzliche Schritte bestehen darin, die drei großen Energiebereiche Strom, Wärme und Mobilität zusammenzuführen und Energie im Gegensatz zu heute effizient zu nutzen.

Das machen wir, wenn zu viel Wind weht

Die einfachste und kostengünstigste Antwort auf die Frage, was wir machen, wenn zu viel Wind weht oder zu viel Sonne scheint:
Wir passen den Verbrauch der Produktion an.
Wir verbrauchen also mehr Strom, wenn wir mehr Strom produzieren, als wir normalerweise brauchen würden. Der Strom wird aber nicht vergeudet. Wir sorgen für Phasen vor, in denen wir weniger produzieren. Konkret: An einem heißen Sommertag mit viel Sonne wird das Kühlhaus vorgekühlt.
Den Verbrauch bei zu viel Wind anzupassen, ist in der Regel mit keinen oder nur geringen Kosten verbunden. Eine günstige Lösung ist auch die Umwandlung von Strom in Wärme mit dem Power-to-Heat-System. Wärmespeicher (in der Regel sind das Wasserspeicher) sind sehr kostengünstig und vielfach schon in Nahwärmenetzen und auch in Haushalten vorhanden. In Zeiten von Überschuss-Strom kann mithilfe einfacher Heizstäbe (Tauchsieder) sehr schnell und einfach Wärme erzeugt werden. In Power-to-Heat-Zeiten werden die Heizbrennstoffe eingespart. Im Moment sind das noch Öl oder Erdgas. Künftig werden es Biogas oder Holzbrennstoffe sein. Öl kostet heute schon knapp 10 Cent pro Kilowattstunde. Windstrom ist also jetzt schon günstiger.
Die zweite Möglichkeit ist die Speicherung.
Die Lösungen für „zu viel" und „zu wenig" Strom werden damit kombiniert.

Das machen wir, wenn der Wind nicht weht

Durch die zuvor beschriebene Art der Stromproduktion werden wir in Deutschland immer einen Beitrag von Wind, Sonne und Wasser haben. Dennoch wird es Zeiträume geben, in denen nicht genug dieser Energien zur Verfügung steht. Für diese Phasen braucht es Blockheizkraftwerke und Batterien beziehungsweise Pumpspeicherkraftwerke. Das sind die wesentlichen Säulen einer bedarfsgerechten Versorgung.

Pumpspeicherkraftwerke und Batterien sind wichtig, sie können aber aufgrund ihrer geringen Speicherkapazitäten nur für kleine Stromlücken eingesetzt werden, weil sie nur Platz für geringe Energiemengen haben. Sie sind ideal, um Sonnenstrom in der Nacht zu nutzen oder wenn in der Pause eines Fußball-Länderspiels alle gleichzeitig den Kühlschrank öffnen.

Pumpspeicherwerke sind vor allem deshalb interessant, weil es sie schon in großer Zahl und mit einer Kapazität von fast 8.000 Megawatt gibt, was etwa zehn Prozent des maximalen Stromverbrauchs zu einem bestimmten Zeitpunkt entspricht. Ein Ausbau ist vorstellbar, er wird jedoch mit den künftigen Batteriekapazitäten konkurrieren, die nah am Verbraucher verortet sind und fast 100 Prozent eingespeiste Energie auch wieder abgeben können.

Batteriespeicher werden in Haushalten, aber vor allem im Gewerbebereich eingesetzt. Hier sind Synergien mit der heutigen „unterbrechungsfreien Stromversorgung" (USV) möglich, etwa mit Batterie-Backup-Systemen für Groß-Computer. Batterien in Autos stehen künftig in einer so großen Zahl zur Verfügung, dass nur ein geringer Teil davon gebraucht werden wird.

Wenn wir im Winter wenig Wind- und Solarstrom haben, brauchen wir einen Speicher, der über diesen Zeitraum Energie zur Verfügung stellt. Wir verbrennen dann vor allem Biomasse oder auch Windgas in **Blockheizkraftwerken.**

Windgas ist aus Elektrolyse gewonnener Wasserstoff und kann genauso wie Biogas in der bestehenden Infrastruktur gespeichert werden. Die Speichergröße ist riesig. Unterirdische Gas-Kavernen können eine Vollversorgung ganz Deutschlands von mehr als 100 Tagen gewährleisten. Gas kann durch bestehende Infrastruktur sehr günstig und weit transportiert werden. Der Nachteil: Nur ein Drittel der gespeicherten Menge kann wieder zu Strom zurückverwandelt werden. Der Rest muss als Wärme verwendet werden. Auch hier ist die Anwendung speziell in der Industrie sinnvoll, um die Anlagen effizient zu nutzen.

Um zu jeder Zeit genügend Strom zur Verfügung zu haben, müssen die Kapazitäten an Blockheizkraftwerken deutlich ausgebaut werden. Diese Blockheizkraftwerke (BHKW) werden vor allem in der Industrie und bei Stadtwerken eingesetzt werden.

Sie beweisen ihre Funktionstüchtigkeit seit vielen Jahrzehnten. Im Grunde ist das BHKW ein Motor, der einen Elektrogenerator antreibt, der Strom produziert. Es kann flexibel, in jeder Größenordnung und zu jeder Zeit eingesetzt werden und ist sehr effizient.

Energieeffizienz als essenzieller Bestandteil der Energiezukunft

Rohstoffe und nahezu die gesamte gespeicherte Energie müssen genutzt werden, um damit auch Geld zu sparen. Bisher sind wir extrem ineffizient, sowohl bei Automotoren als auch in Kraftwerken und bei vielen Biogasanlagen. Es werden 60 bis 70 Prozent der Energie ungenutzt in die Luft geblasen. Effiziente Blockheizkraftwerke stehen nahe am Verbraucher und nutzen Strom und Wärme fast vollständig.

Und sie sind kostengünstig.

Mit dem Geld, das in die großen Überlandnetze investiert werden soll – 20 Milliarden Euro –, können wir sämtliche zukünftig benötigten Blockheizkraftwerke mit einer Leistung von 40.000 bis 50.000 Megawatt finanzieren. Würde die Bundesregierung dieses Geld nicht in den Netzausbau stecken, sondern damit Blockheizkraftwerke für Unternehmen subventionieren, wäre durch die Einsparungen beim Strompreis auch deren internationale Wettbewerbsfähigkeit gewährleistet.

Warum machen wir das nicht in großem Umfang, wenn Blockheizkraftwerke so einfach und verlässlich sind? Weil der Strom, anders als Strom aus Sonne, Wind und Wasser, auf der Verbrennung von Rohstoffen basiert, die Geld kosten. Selbst wenn wir sie in Blockheizkraftwerken maximal effizient nutzen, sind sie teuer. Deshalb setzen wir diesen Strom nur gezielt in den Lücken ein.

Das machen wir auf keinen Fall

Die schwarz-gelbe Bundesregierung hat in ihrem Plan für die Energiewende Nachtspeicherheizungen als Energiespeicher für Wind- und Sonnenstrom vorgesehen und deshalb das Nachtspeicherheizungsverbot der Vorgängerregierung gekippt, das 2019 in Kraft treten sollte. Die beiden Grundideen sind völlig richtig: Den Stromverbrauch zu verlagern, wenn wir zu viel Strom im Netz haben, und die Wärme auch als Verbrauch zu sehen und dementsprechend einzusetzen.

Die Förderung von Nachtspeicherheizungen entstand ursprünglich, um möglichst viel Atomstrom im Netz unterbringen zu können. So konnte man nachts die Atomkraftwerke durchlaufen lassen. Ist es da nicht gut, wenn Stromheizungen in Zukunft mit dem Überschuss an Erneuerbaren Energien betrieben werden?

Es klingt gut, aber das Gegenteil ist richtig.

Reine Stromheizungen – auch Wärmepumpen – sind kontraproduktiv, weil sie eben nicht erneuerbaren Überschuss-Strom abbauen, sondern einen riesigen Bedarf an zusätzlichen Backup-Kapazitäten zur falschen Zeit produzieren – und zwar im Winter. Zehn Millionen Stromheizungen würden eine zusätzliche Backup-Kapazität von 200.000 Megawatt notwendig machen. Das entspricht dem Zwei- bis Dreifachen der heute notwendigen Kapazität und kann daher nicht funktionieren. Gerade wenn geheizt werden muss, können auch längere Phasen mit wenig Sonnen- und Windstrom in großen Teilen Deutschlands vorkommen. Genau dann brauchen wir den vollen Einsatz von Blockheizkraftwerken für unseren Bedarf.

Die Regierung hat also ein Gesetz beschlossen, das nicht die Überschuss-Zeiten von Wind und Sonne nutzt, sondern im Winter eine völlig unnötige neue Lücke reißt. Warum macht sie das? Fragen wir doch anders: Wem nutzt das und wer hat das Gesetz beantragt? Die Antwort: der Energiekonzern RWE. Weil er darauf hofft, dann seinen eigentlich überflüssigen Kohlestrom verkaufen zu können. Wodurch der CO_2-Ausstoß zehnmal so hoch bleibt wie der von normalen Brennwertkesseln.

Im Sinne der Energiewende muss es darum gehen, die maximal benötigte Energie nicht durch den Ausbau von Stromfressern zu vergrößern, sondern so gut wie möglich zu reduzieren. Wenn wir die Energiewende möglichst günstig gestalten wollen, müssen wir alle Stromheizungen sofort verbieten und dadurch die nötigen Backup-Kapazitäten um 10.000 bis 20.000 Megawatt vermindern.

Wie setzen wir Bioenergie ein?

Wenn man über das angeblich Problematische an der Bioenergie diskutiert – dass sie Autos ernähre statt Menschen (Tank-vs.-Teller-Diskussion) –, dann muss man wissen, dass etwa 20 Prozent der Ackerflächen in Deutschland für nachwachsende Rohstoffe genutzt werden. 2001 wurden auf 1,15 Millionen Hektar Pflanzen für Biodiesel angebaut, hauptsächlich Raps, und auf weiteren 0,9 Millionen Hektar Pflanzen für Biogas, hauptsächlich Mais. Ich trete generell dafür ein, nicht hauptsächlich beispielsweise Mais zu nutzen, sondern statt einer Monokultur zu einer Diversifizierung der Rohstoffe zu kommen. Aber das prioritäre Problem im Zusammenhang mit dem Hunger in der Welt ist die Fleischproduktion, weil sie eine Vergeudung von Kalorien, Wasser, Energie und Fläche ist, auf der Grünfutter für Schweine und Kühe wächst. Man braucht viele Kilo Getreide, um ein Kilo Fleisch in den Handel zu bringen. Würden wir diese Flächen für Menschen nutzen statt für Schlachttiere, wäre wirklich etwas gegen den Welthunger getan. Ich möchte nicht alle Menschen zu Vegetariern erziehen, aber bewusster und etwas weniger Fleisch zu essen, halte ich für machbar.

Es wird keine Bioenergie mehr im Auto verbrannt

Bioenergie sollte künftig sinnvoll eingesetzt werden. Sinnvoll ist es, wenn man sie nicht als Treibstoff in herkömmlichen Autos ineffizient verbrennt, sondern in Blockheizkraftwerken nutzt und damit gleichzeitig Strom und Wärme erzeugt. Die Blockheizkraftwerke stehen in Stadtwerken, in Industrie- und Gewerbebetrieben, die gleichzeitig Strom und Wärme brauchen. Miniblockheizkraftwerke stehen in Häusern. Sie haben eine hohe Effizienz, wenig Transportverluste und brauchen wenig Speicherung. Wir haben große Kapazitäten: Die Flächen, die wir für Biosprit benötigen, sind heute mit über einer Million Hektar deutlich größer als für den Biogasanbau.

Biogas wird schneller und effektiver verbrannt

Derzeit laufen Bioenergie-Anlagen nahezu rund um die Uhr und kommen so auf etwa 8.000 Volllaststunden. Das ist vergleichbar mit Braunkohlekraftwerken. Aber wenn Wind und Sonne zur Verfügung stehen, braucht man die teurere Bioenergie nicht. Daher ist es sinnvoll, Bioenergie nicht völlig gleichmäßig das ganze Jahr über zu produzieren und zu verbrennen, sondern künftig als Backup für die Phasen zu benutzen, wenn Wind und Sonne nicht zur Verfügung stehen. Wir brauchen 2.000 statt 8.000 Volllaststunden.

Biogas kann in Kavernen gespeichert werden, das ist kein Problem. Wenn man das Gas nicht peu à peu, sondern in einem kürzeren Zeitraum verbrennt, kann man das Vierfache an Leistung erzielen. Die Bioenergiemenge der knapp über zwei Millionen Hektar Anbaufläche reicht aus, um Lücken zu schließen für Zeiten, wenn Wind und Sonne nicht genügen. Dieser Ausgleich wird zumeist im Winter zum Tragen kommen, wenn beispielsweise einmal nur 15 Prozent der Windkraftleistung am Netz sind.

Wir brauchen keine zusätzlichen Flächen für Bioenergie

Durch effizientere Nutzung können wir auf 100 Prozent Erneuerbare umstellen, ohne dass wir zusätzliche Flächen für Bioenergie benötigen. Im Gegenteil. Was bisher nicht einkalkuliert wird, ist eine Energieeffizienzsteigerung in der Biogasanlage. Wir werden durch intensivere Forschung mehr Energie-Rohstoffe aus der gleichen Fläche gewinnen und durch Verbesserungen beim biologischen Umwandlungsprozess 50 bis 100 Prozent mehr Energie aus den Rohstoffen. Letztlich steht Bioenergie trotzdem im Wettbewerb mit Windgas. Durchsetzen wird sich, was am Ende günstiger sein wird.

Die Formel des Masterplans: 60 + 25 + 5

Es ist technisch und real möglich, mit Wind- und Sonnenstrom eine sehr gleichmäßige Stromproduktion zu erreichen. Dazu brauchen wir Anlagen, die viel Wind und viel Sonne gut einfangen können und dabei kleine Generatoren beziehungsweise Wechselrichter haben. Diese Anlagen müssen ihren Strom optimal verteilt über Deutschland und jeweils nahe am Verbraucher produzieren.

Wir können etwa 60 Prozent unseres Bedarfs mit Windstrom und etwa 25 Prozent mit Sonnenstrom decken. Wenn noch fünf Prozent Wasserkraft hinzukommen, sind bis zu 90 Prozent unseres Strombedarfes über die direkten Quellen Wind, Sonne und Wasser abgedeckt. Der Rest kommt über Blockheizkraftwerke, die mit Bioenergie betrieben werden.

Die Deutschen verbrauchen an einem lauen Sommertag 40.000 Megawatt, zu Spitzenzeiten, also an einem kalten Winternachmittag, maximal 80.000 Megawatt Strom. Diese 80.000 Megawatt sind auch die Menge, die das Netz maximal aufnimmt. Daran orientiere ich mich. Gut verteilt und nah am Verbraucher sind somit auch 80.000 Megawatt Windkraft in das heutige Stromnetz integrierbar.

Wenn Windstromanlagen künftig mit 4.000 Volllaststunden optimiert arbeiten, können damit 320 Terawattstunden gedeckt werden. Der deutsche Nettostromverbrauch liegt aktuell bei 540 Terawattstunden. Mit 25.000 modernen Windrädern kann man also 60 Prozent des zukünftigen Nettostrombedarfs produzieren.

Wie kommen wir auf 25 Prozent Solarstrom?

Indem man die Nutzung der Solarenergie optimiert – durch eine Erhöhung der Volllaststundenzahl auf 1.500 bis 2.000 und mehr Leistung auf den Dächern. Der Ertrag wird insbesondere an bewölkten Tagen und somit auch im Winter deutlich steigen. Die Überschüsse werden gespeichert (vor allem in Batterien) und in Wärme (vor allem in warmes Wasser) umgewandelt. Insgesamt benötigen wir aber im Vergleich zu sämtlichen heute vorgeschlagenen Szenarien weniger Langzeitspeicherung von Strom, wenn wir den überwiegenden Teil direkt über Wind und Sonne und möglichst verbrauchernah produzieren.

Die 2. Formel des Masterplans lautet: Strom + Wärme + Mobilität + Effizienz

Der Masterplan denkt und bringt alle drei Teilmärkte des Endenergieverbrauchs zusammen. Strom ist nur einer davon. Wärme ist der zweite. Und Kraftstoffe für Mobilität ist der dritte. Angesichts der steigenden Ölpreise und der abnehmenden Vorräte müssen gerade auch Motoren und Mobilität schnell als regenerative Märkte der Zukunft erschlossen werden. Der zusätzlich notwendige Strom für Elektromobilität wird durch Energieeinsparungen (etwa ein Verbot der Standby-Funktion von Elektrogeräten) und Effizienz in anderen Bereichen ermöglicht, so dass der Gesamtstrombedarf konstant bleibt. Das ideale Zusammenspiel aller drei Energiemärkte sowie die effiziente Nutzung der Energie sind entscheidend für die zukünftige optimale volkswirtschaftliche Lösung im Energiebereich.

Die Kombination von Wind und Sonne mit möglichst hoher Volllaststundenzahl und ein mit Bioenergie betriebenes Blockheizkraftwerk machen Energie-Autarkie in allen Einheiten möglich, vom Wohnhaus bis zur Großindustrie.

Wenn der Masterplan richtig umgesetzt wird, können wir durch die Effizienzgewinne den Primärenergieverbrauch gegenüber heute auf 25 Prozent senken. Primärenergie ist die Energie, die aufgewendet werden muss (z. B. Kohle), um Endenergie (z. B. Strom) zu erzeugen. Mit meinem Konzept kämen wir auf keinen Fall über 10 Cent pro Kilowattstunde Strom. Somit bräuchten wir insgesamt weniger Geld, als wir heute allein für Rohstoffimporte ausgeben.

Mit dem eingesparten Geld könnten wir problemlos Elektromobilität einführen und unsere Häuser vernünftig dämmen.

Drei Mythen, die der Masterplan widerlegt

Mythos 1: Wind und Sonne geht nicht wegen fehlender Frequenz- und Spannungshaltung

Falsch. Für einen stabilen Netzbetrieb darf die Spannung nicht schwanken und die Netzfrequenz muss dauerhaft bei 50 Hertz liegen. Moderne Wind- und Solaranlagen haben diesbezüglich sämtliche Eigenschaften, die auch konventionelle Kraftwerke haben. Blockheizkraftwerke können nach Bedarf zu- oder abgeschaltet, hoch- und heruntergeregelt werden, um die Stabilität zu gewährleisten.
Die künftige Speicherkapazität von Batterien wird um ein Vielfaches größer sein als der heutige maximale Bedarf. Dafür reichen bereits die eine Million Elektrofahrzeuge, die die Bundesregierung 2020 auf unseren Straßen fahren lassen möchte.
Die hängen aber nicht alle gleichzeitig am Netz? Richtig. Aber in der Zukunft gibt es bei 30 bis 40 Millionen E-Mobilen und einer durchschnittlichen Autonutzung von einer halben Stunde pro Tag definitiv immer genug Fahrzeuge, die am Netz hängen.

Mythos 2: Wir brauchen Offshore-Wind wegen Volllaststunden und Arbeitsplätzen

Falsch. Aus dem Masterplan lässt sich nur eine Schlussfolgerung ziehen: Wir können uns definitiv keinen Offshore-Windstrom leisten. Die Argumente waren stets: die Volllastundenzahl, der fehlende Platz an Land und der günstigere Preis. Alles ist widerlegt. Die Windanlagen in Nord- oder Ostsee wären viel zu weit weg von den Verbrauchern. Es bräuchte weite Transportnetze, einen teuren Netzausbau, einen erhöhten Speicherbedarf und die essenzielle Wertschöpfung vor Ort ginge verloren. Es stimmt, dass Offshore-Anlagen eine hohe Volllaststundenzahl erreichen. Doch es sind deutlich mehr Volllaststunden als bisher angenommen durch die entsprechende Technik auch an Land und mit Solar erreichbar.
Nachdem durch Innovationen und Massenproduktion Solarenergie weitaus günstiger als Offshore-Wind geworden ist, ist

Offshore die teuerste Art, Strom zu produzieren. Sie ist mehr als zwei- bis dreimal so teuer wie die Windenergie an Land.

Ich sprach mit vielen Politikern darüber – mit Bundesumweltminister Peter Altmaier, mit SPDlern und auch mit Grünen. Alle sagten: Ja, Offshore sei teuer, aber man mache das halt wegen der Arbeitsplätze. Letztes Jahr gab es jedoch noch mehr als sechsmal so viele Arbeitsplätze im Solarbereich. Und dennoch hat man die Einspeisevergütung drastisch gekürzt. Einzige Begründung: Der Strom sei zu teuer.

Es ist unlogisch, warum dieses Argument bei der teuersten Art, Strom zu erzeugen, nicht gelten soll. Der Sinn erschließt sich erst, wenn man weiß, dass die Erzeuger von Offshore-Strom nicht Bürger sind, sondern Großkonzerne. So ist auch nachzuvollziehen, warum auf dem Höhepunkt der Strompreisdiskussion der Bundestag beschloss, Offshore-Wind bereits jetzt zu vergüten, auch wenn es noch gar keine Netze dafür gibt.

Mythos 3: Wir brauchen Netzausbau

Falsch. Alle bisherigen Studien, die zur Begründung eines Netzausbaus herangezogen werden, gehen fälschlicherweise davon aus, dass Windräder künftig nur 2.000 bis etwa 2.500 Volllaststunden erreichen. Entweder war den Erstellern der Studien nicht bekannt, dass man die Volllaststunden sehr einfach verändern kann. Oder sie verfolgen damit das Interesse, möglichst viel Wind- und Solarstrom, aber eben auch parallel dazu Kohlestrom ins Netz einspeisen zu können.

Ich habe es gesagt: Dieser Netzausbau entspricht der Logik einer zehnspurigen Autobahn, die zu jedem Zeitpunkt alle Bedürfnisse der Porschefahrer erfüllen will. Ohne Rücksicht auf die ökonomischen und ökologischen Kosten.

Bei den Großkonzernen dürfte das Interesse am Kohlestrom im Vordergrund stehen. Bei Wirtschaftsminister Rösler könnte beides eine Rolle spielen: Er will die Konzerne unterstützen und er weiß es einfach nicht besser. Zumindest tritt er immer wieder lauthals für einen schnellen und breiten Netzausbau ein. Mit Gesetzen für eine beschleunigte Umsetzung möchte er auch die Grünen in die Zwickmühle zwischen ihren beiden Grundinteressen Energiewende und Naturschutz bringen.

Da wir jedoch wie aufgezeigt keinen Offshore-Strom brauchen, sondern Windkraft überall und nahe am Verbraucher, brauchen wir auch keinen Netzausbau auf Höchstspannungsebene. Es gibt einfache Möglichkeiten, Lasten zu verschieben. Wir können Strom in Wärme oder Gas umwandeln und speichern, und das sogar günstiger in der Investition, als es der Netzausbau ist. Was wir brauchen, ist Repowering. Alte Windkraftanlagen mit geringen Volllaststunden müssen durch neue mit hohen Volllaststunden ersetzt werden.

Was bedeutet der Masterplan für die Menschen?

In meinem Masterplan wird Strom nicht isoliert betrachtet, sondern als Teil des Gesamtsystems der Energieversorgung – also in Kombination mit Wärme und Mobilität. Ein Durchschnittshaushalt zahlt 5.000 Euro jährlich für dieses Energiepaket. Die Politik diskutiert zwar die 200 Euro EEG-Umlage, nicht aber die restlichen 4.800 Euro des Energiepakets. Und sie ignoriert, was an Preiserhöhungen in Zukunft auf uns zukommt, wenn wir uns nicht unabhängig von den konventionellen Energieträgern machen, vor allem vom Öl.

Deshalb ist es an der Zeit, dass wir uns nun endlich und mit Nachdruck darum kümmern, die wahren Treiber der Energiekosten zu benennen und zu bekämpfen. Alle gemeinsam, und am besten mit einem ehrgeizigen Umweltminister an der Spitze. Daher möchte ich mich hier auch an Peter Altmaier direkt wenden und ihm zurufen:
Sehr verehrter Herr Minister Altmaier: Wir brauchen keine „Strompreisbremse", wenn sie am Ende auf eine Strompreis-Beschleunigung hinausläuft.
Was wir brauchen, ist ein besonderer Tarif für Einkommensschwächere, die sich die EEG-Umlage nicht leisten können.
Was wir brauchen, ist ein Ende der Subventionierung der konventionellen Energieträger.
Was wir brauchen, ist eine Öl- und Spritpreisbremse.
Was wir brauchen, ist eine Preisbremse für die Strom- und Ölkartelle.
Wir geben jedes Jahr 200 Milliarden Euro für Energie aus – Tendenz stark steigend.

Das müssen wir bremsen, Herr Minister Altmaier. Denn dagegen ist selbst Ihre Billion überschaubar.

Und das schaffen wir nur mit dem sofortigen Umstieg auf 100 Prozent Erneuerbare.

Und wenn einer es schafft, das als Umweltminister umzusetzen, dann Sie.

Das ist mir während einer gemeinsamen Fahrt von Berlin Richtung Südwesten sehr deutlich geworden.

Die Politik hat jetzt die Aufgabe, im Einklang mit dem Naturschutz die besten Windstandorte auszuweisen und das EEG so zu überarbeiten, dass die dargestellte Lösung schnell gestaltbar wird.

Bundesumweltminister Peter Altmaier bei seinem Besuch in in der juwi-Firmenzentrale im Sommer 2012

Der Masterplan für Strom, Wärme und Mobilität

So kommen wir in kurzer Zeit zu einer Energieversorgung ausschließlich mit erneuerbaren Energien.

1. Die Formel des Masterplans lautet: 60 Prozent Wind, 25 Prozent Sonne, 5 Prozent Wasser. Der Rest kommt durch Blockheizkraftwerke, die mit Bioenergie betrieben werden.

2. Wir versorgen uns überwiegend mit Wind- und Sonnenenergie, weil Wind und Sonne unbegrenzt und kostenlos verfügbar sind. Sie machen uns somit unabhängig von teuren Importen und steigenden Preisen für die begrenzten Rohstoffe Öl, Kohle und Gas.

3. Wind- und Sonnenenergie kann rund um die Uhr eine zuverlässige Stromversorgung sichern. Stromlücken im Winter lassen sich mit Bioenergie und gespeichertem Strom abdecken.

4. Die Anlagen werden so konstruiert, dass sie möglichst gleichmäßig möglichst viel Strom liefern. Wir verteilen die Energieanlagen möglichst gleichmäßig über ganz Deutschland. In den Regionen wählen wir die passende Technik für die ertragsstärksten Standorte.

5. Wir brauchen nicht mehr Windräder als heute und keine zusätzlichen Flächen für Bioenergie. Wir verzichten auf neue Hochspannungstrassen, auf die teure Stromproduktion auf dem Meer und reduzieren den Aufwand für die Stromspeicherung.

6. Unsere Energieversorgung wird nicht nur komplett sauber und nachhaltig, sondern bleibt dadurch verlässlich und dauerhaft bezahlbar.

7. Durch die effizientere Nutzung von Strom, Wärme und Mobilität im Zusammenspiel produzieren wir die gesamte Energiemenge nicht erst in Zukunft, sondern schon heute günstiger, als wir allein für den Import von Rohstoffen ausgeben. Mit dem gesparten Geld können wir auf E-Mobilität umsteigen und unsere Häuser dämmen.

Nachwort: Geben Sie der Weltgesellschaft eine Zukunft, Frau Bundeskanzlerin!

Dieses Buch kann nicht alle Lösungen aufzeigen. Das wäre vermessen. Die Grundlage meines Masterplans ist ein valider Blick in die Zukunft, der die richtigen Rückschlüsse aus der Gegenwart zieht. Dabei gehe ich von vier wichtigen Zukunftskomponenten aus: dem sozialen, dem ökonomischen, dem ökologischen und dem demokratischen Faktor. Der hundertprozentige Umstieg auf Erneuerbare Energien bringt uns in allen vier Bereichen voran.
Die Bundesregierung glaubt immer noch, man könne die Wende mit den Konzernen durchsetzen. Das ist ein fundamentaler Irrtum. Eine echte Energiewende mit dezentraler Energie kann nur über den Energiebürger funktionieren. Über Genossenschaften. Über Kommunen und Stadtwerke. Wir haben es mit einem Systemumbau zu tun, von wenigen Konzernen zu Millionen Energie-Bürgern.

Für uns Bürger ist eine Zukunft mit Erneuerbaren Energien preiswerter. Die Energiewende ist aber nicht nur ein Wechsel der Energieformen, der uns aus der Abhängigkeit von atomaren und fossilen, hoch subventionierten Brennstoffen führt. Der Wechsel zu den Erneuerbaren Energien beendet die Abhängigkeit von wenigen Großkonzernen. Er beinhaltet einen Demokratiezuwachs und macht uns unabhängiger und freier. Er gibt unseren Kindern eine Zukunft, indem wir unsere Umwelt und damit die Grundlage für den Fortbestand der globalen Gesellschaften schützen und bewahren. Zudem leisten wir mit der Energiewende einen Beitrag für viele Menschen in der Welt, die heute keinen Zugang zu Energie haben, mit einem Zugang aber eine Zukunft gewinnen.

Dazu beizutragen, das ist mein persönlicher Antrieb.

Die Blockierer seufzen, die Energiewende sei zwar ehrenwert, aber nicht so schnell realisierbar. Das ist falsch. Die Energiewende ist technisch sehr schnell möglich. Wir können es in sieben Jahren auf

100 Prozent schaffen. Technisch kann man in sieben Jahren auch die Speichermöglichkeiten schaffen. Das meinte auch Umweltminister Altmaier, als er im August 2012 unserem Unternehmen in Wörrstadt einen Besuch abstattete.

Während des Gesprächs sagte ich irgendwann zu ihm: „Das Ziel der Bundesregierung von 35 Prozent bis 2020 ist doch gar nichts, Herr Minister."

Worauf Altmaier antwortete: „Rein technisch gesehen, kann man 100 Prozent bis 2020 schaffen."

Eben. Warum sollen wir das größte Problem der Menschheit in die Zukunft verschieben oder mit dem Bau neuer Kohlekraftwerke noch vergrößern, wenn man es doch jetzt und heute lösen kann. Das leuchtet mir einfach nicht ein.

Und statt 80 Prozent Erneuerbare bis 2050 nehme ich lieber 100 Prozent bis 2020.

Setzen wir vorrangig auf regional verteilte Solar- und Windenergie-Anlagen und bringen wir die Stromerzeugung in die Nähe bereits bestehender Netze und der Verbraucher, dann sparen wir enorm: kein Netzausbau auf Höchstspannungsebene, erheblich weniger Speicherbedarf, keine zusätzlichen Flächen. Und obendrein gibt es Sonnenschein und Windströmungen auch noch kostenlos – überall und unbegrenzt verfügbar.

Und wenn der Wind tatsächlich irgendwo mal nicht weht, an einem trüben Wintertag, dann haben wir Bioenergie, Wasser und lokale Speicher.

Sehr geehrte Frau Bundeskanzlerin, als ich während unseres gemeinsamen Rückflugs aus Chile endlich mit Ihnen persönlich über die Umsetzung der Energiewende sprechen wollte, hatten Sie mich aufgefordert, Ihnen einen Brief zu schreiben. Das hat mich zunächst sehr frustriert, weil ich mich abgewimmelt gefühlt habe. Aber dann bin ich Ihrem Wunsch doch nachgekommen, habe mich hingesetzt und angefangen aufzuschreiben, was ich mit Ihnen im Flugzeug diskutieren wollte. Wie Sie sehen, ist ein Buch daraus geworden. Es richtet sich an alle Bürger, aber speziell auch an Sie.

Sehr geehrte Frau Bundeskanzlerin, liebe Frau Merkel, was kann es Schöneres geben, als die Entscheidung gegen einen Weg der ökonomischen, sozialen und ökologischen Verwerfungen – und für einen sicheren Weg, der unsere Energieversorgung auch in Zukunft bezahlbar und uns zudem unabhängig macht?

Nehmen Sie daher mein Angebot an: Mein Unternehmen gegen die sofortige und vollständige Energiewende. Es ist moralisch und volkswirtschaftlich das beste Angebot, das Sie bekommen können.

Ja, es gibt ein paar Konzerne, die dadurch Geld verlieren werden. Aber dafür werden unglaublich viele Menschen einen großen Gewinn haben. Hier, weltweit und in den Generationen, die nach uns kommen.

Und Sie gehen in die Geschichte ein – als die Bundeskanzlerin, die der Weltgesellschaft eine Zukunft gegeben hat.

Frau Bundeskanzlerin, geben Sie unserer Erde die Luft zum Atmen!

Epilog

Motiviert von meiner Begeisterung für Erneuerbare Energien und mit der festen Überzeugung, dass es vor dem Hintergrund der dramatischen Entwicklungen auf dem Energiemarkt keine Alternativen zu einem raschen Umstieg auf eine rein regenerative Energieversorgung gibt, habe ich dieses Buch geschrieben. Mit diesem Buch möchte ich schon heute die Voraussetzungen für eine lebenswerte Zukunft auch künftiger Generationen skizzieren.

Mir ist bewusst, dass einige Kritiker und Zweifler mich attackieren werden, mir Eigennutz unterstellen werden, und sie werden versuchen, meine Ansichten mit anderen Zahlen zu widerlegen und mich zu diskreditieren. Das nehme ich in Kauf, und damit werde ich umgehen können. Doch es ist mir ernst: Ich werde meine Anteile am Unternehmen juwi verschenken, wenn die Bundeskanzlerin mein Angebot annimmt.

Ich bin zudem der festen Überzeugung, dass einer allein aber wenig bewegen kann – aber viele Energiebürger können gemeinsam die Wende schaffen. Eine echte Bürgerenergie-Wende! Ich will daher an dem Buch auch nicht verdienen, sondern die Einnahmen aus dem Verkauf des Buches der Kampagne „Die Bürgerenergiewende" zukommen lassen. Denn die Energiewende darf nicht scheitern!

Danksagung

Was schreibt man bei seinem ersten Buch in die Danksagung? Wie drückt man echte Dankbarkeit aus? Auch gegenüber den hoffentlich zahlreichen Lesern, die mir ihr Interesse und ihre kostbare Zeit schenken?

Ich weiß es nicht. Und versuche es trotzdem. Denn wer nicht losgeht, kommt auch nicht ans Ziel. Getreu diesem Motto habe ich in wenigen Wochen fast 200 Seiten geschrieben. Ich habe korrigiert, gekürzt, umformuliert und dabei so manche Nacht durchgearbeitet.

Trotzdem brauchte ich Rat, Hilfe und Unterstützung von Freunden, Kollegen und Mitarbeitern. Ihnen allen danke ich aus tiefstem Herzen.

Ich bedanke mich beim Team der juwi-Unternehmenskommunikation um Christian Hinsch und Michael Löhr für Inspiration und kritische Begleitung. Insbesondere aber bei Ricarda Schuller, die mir während des gesamten Projektes eine große Hilfe und Stütze war, und bei Valerie Speth für ihren (wissenschaftlichen) Input zu den Zahlen und Fakten.

Und last but not least verneige ich mich vor allen, deren Namen ich hier nicht erwähnen kann, die aber ihren wichtigen Teil zum Gelingen dieses Buches beigetragen haben.

Meinungen zur Energiewende

„Liebe Frau Merkel …" – „Packen wir es weiter an!"
Stimmen zur dezentralen Bürger-Energiewende

„Die Energiewende hin zur dezentralen Energieversorgung mit erneuerbaren Energien bietet insbesondere dem ländlichen Raum riesige Chancen. Das müssen wir hier vor Ort in den Regionen nutzen, und das muss weiter vorangebracht werden. Ich bin optimistisch, dass uns das gelingt, wenn der Weg konsequent fortgesetzt wird und die Ziele nicht verwässert werden. Mittlerweile schaut die ganze Welt auf Deutschland – das Projekt Energiewende darf einfach nicht scheitern."
Markus Conrad (CDU), Bürgermeister der Verbandsgemeinde Wörrstadt

„Die Energiewende ist für mich gleich zu setzen mit dem Aufbruch in ein neues Zeitalter. Für den ländlichen Raum stellt sie die einzige und gleichzeitig letzte Chance dar, mit Hilfe der regenerativen Energien vom abhängigen Energieempfänger zum selbstbestimmten Energieerzeuger zu werden. Nutzen wir diese Chance, indem wir das Heft des Handelns gemeinsam mit den Bürgerinnen und Bürgern in die Hand nehmen und dezentrale, kommunal gesteuerte Versorgungssysteme schaffen, die Energie auf Dauer bezahlbar machen und gleichzeitig die Wertschöpfung vor Ort erhalten. Diese Idee wurde maßgeblich initiiert und mitgetragen von einem Unternehmer wie Matthias Willenbacher, der gemeinsam mit seinen Partnern eine anfänglich von vielen belächelte Vision Schritt für Schritt in die Tat umgesetzt hat und damit ein echter Pionier der Energiewende ist."
Gregor Eibes (CDU), Landrat, Kreis Bernkastel-Wittlich

„Die Energiewende ist längst ein gesellschaftliches Grundbedürfnis. Daher geht es auch alle an. Die dezentrale Energieerzeugung ermöglicht den Bürgern, den Umbau der Energieerzeugung selbst in die Hand zu nehmen – idealerweise gemeinsam."
Andreas Fischer, Mainzer Energiegenossenschaft

„Die Realisierung der Ziele der Energiewende findet dezentral, vor Ort, bei den Kommunen und Kreisen statt. Diese tragen mit ihren vernetzten Aktivitäten nicht nur zum Klimaschutz bei, sondern haben die große Chance, Energieimportkosten durch Energieeffizienz und den Einsatz erneuerbarer Energien in regionale Arbeitsplätze und Wertschöpfung umzuwandeln. Bürgerbeteiligungsmodelle, Genossenschaften und Stiftungen sind dabei ideale Instrumente, die Akzeptanz bei den Bürgerinnen und Bürgern zu erhöhen und diese zum Mitmachen bei der Gestaltung der Energiewende zu animieren. Vieles scheint immer unmöglich, bis es getan ist: Der gesamte Stromverbrauch in unserem Kreisgebiet wird jetzt schon zu 104 % aus erneuerbaren Energien gespeist, wir sind also Stromexporteur. Packen wir es weiter an."
Bertram Fleck (CDU), Landrat, Rhein-Hunsrück-Kreis

„Ich bin der festen Überzeugung, dass die Energiewende in Deutschland technisch und wirtschaftlich möglich ist; vorausgesetzt, alle Akteure in Politik und Wirtschaft ziehen gemeinsam an einem Strang in dieselbe Richtung. Matthias Willenbacher ist einer dieser Akteure, die aufgrund ihrer Persönlichkeit, ihres Engagements und ihres starken Willens gezeigt haben, dass diese Energiewende keine Utopie ist, und die bereits wegweisende Beiträge geliefert haben."
Ernst Walter Görisch (SPD), Landrat, Kreis Alzey-Worms

„Die Bürgerenergiewende ist der wirtschaftlich vernünftigste Weg, unsere Energiezukunft zu gestalten. Nur so bleiben die Gewinne bei uns in der Region und fließen nicht an die Energieriesen ab. Vor Ort können wir zeigen, dass sich Klimaschutz, sichere und sozial verträgliche Energieversorgung und nachhaltige Investitionen miteinander vereinbaren lassen. Diese Chance dürfen wir uns nicht entgehen lassen!"
Kai Hock, Gründer und Vorstand der HEG Heidelberger Energiegenossenschaft eG

„Ohne das entschlossene Handeln der Bürger – der „Mut-Bürger" – würde die Energiewende nicht gelingen. Immer mehr Menschen engagieren sich in Energiegenossenschaften, immer mehr Menschen haben finanzielle Anteile in Energiegenossenschaften erworben. Die stark steigende Anzahl von Energiegenossenschaften stärkt die Demokratie und erhöht die Akzeptanz der Energiewende. Ohne Energiegenossenschaften wird die Umsetzung der Energiewende vermindert. Energiegenossenschaften sind ein wichtiger Eckpfeiler der Energiewende. Beispiele für die erfolgreiche Umsetzung der Energiewende in Deutschland gibt es zahlreiche. Ein prominentes jüngstes Beispiel ist die BürgerEnergie Berlin, die das Stromnetz in Berlin in Bürgerhand bringen will. Eine ähnliche Entwicklung sieht man beispielsweise in Hamburg oder auch in Oldenburg. Auch ich bin Energiegenossin – derzeit in meinen beiden Heimatstädten Oldenburg und Berlin. Aber es werden sicherlich weitere Anteile hinzukommen, wie auch weitere „Mut-Bürger" sich dafür entscheiden werden."
Prof. Dr. Claudia Kemfert, Abteilungsleiterin Energie, Verkehr, Umwelt, Deutsches Institut für Wirtschaftsforschung und Professorin für Energieökonomie und Nachhaltigkeit, Hertie School of Governance Berlin

„Matthias Willenbacher ist aktuell der wichtigste und mutigste Kämpfer für die Energiewende. Er denkt nicht unternehmerisch, sondern volkswirtschaftlich. Sein Vorschlag funktioniert, weil er systemisch und bis ins kleinste Detail die Arbeit eines echten Insiders ist."
Tanja Krüger, Geschäftsführende Gesellschafterin Resolto Informatik GmbH, Herford

„Die Nutzung der erneuerbaren Energien ist der einzige sinnvolle Weg, den wachsenden Bedarf im eigenen Land selbst decken zu können. Diese Richtung macht unabhängig von den endlichen Ressourcen und teuren Importen, schafft uns die Gefahr der Atomkraftwerke vom Hals und lässt die Bürger und die Gemeinden selbst bei der Erzeugung ihres Stromes mitbestimmen. Aus meiner Sicht ist das kluge, bürgernahe Politik."
Hans-Peter Littmann (CDU), Bürgermeister der Gemeinde Tutow

„Die Errichtung von Windenergie-Anlagen im Bereich der Verbandsgemeinde Wöllstein gehört zu den herausragenden und zukunftsorientiertesten Projekten der vergangenen Jahrzehnte überhaupt. Die Energiewende ist hier angekommen und erfährt eine breite Akzeptanz und Zustimmung bei den Bürgerinnen und Bürgern."
Gerd Rocker (SPD), Bürgermeister der Verbandsgemeinde Wöllstein

„Wir tragen Verantwortung für die kommenden Generationen, und welcher Politiker kann sich ernsthaft gegen die Energiewende aussprechen, wenn schon unsere Kinder verstanden haben, dass sich etwas ändern muss?"
Bastian Rosenau (parteilos), Bürgermeister, Gemeinde Engelsbrand

„Mr. 100%. Ich habe Matthias Willenbacher vor einigen Jahren auf einer Veranstaltung kennengelernt, als er mit dem Greentech-Award für seinen Umwelteinsatz ausgezeichnet wurde und er als Preisträger eine flammende Rede über Erneuerbare Energien und seiner Idee von der kurzfristigen 100%igen Energiewende hielt. Er riss alle Anwesenden sofort mit, dass wir jetzt und heute etwas ändern können, müssen und wenn wir die Zusammenhänge objektiv erklärt bekommen, dies auch werden. Sein Buch ist eine gut verständliche Erläuterung, warum ein kompletter Ausstieg aus der Atomkraft kurzfristig durchführbar ist, und wie eine Versorgung durch Erneuerbare Energien aus ökonomischer und ökologischer Sicht der richtige Weg ist.
Liebe Frau Merkel, nachdem ich das unmoralische Angebot an Sie von Matthias Willenbacher gelesen habe, wünsche ich mir für meine Kinder, meine Familie und alle Lebewesen, dass er Sie verführen kann. Ich bin mir sicher, danach sind Sie noch ein Stück glücklicher ;-)"
Tina Ruland, Schauspielerin, Berlin

„Wir haben UrStrom eG gegründet, weil wir den Klimawandel als eine der größten Herausforderungen unserer Zeit betrachten und eine Bürgerenergiegenossenschaft den Menschen die Möglichkeit gibt, sich eigenverantwortlich und selbstorganisiert für den Klimaschutz zu engagieren. Bürgerenergiegenossenschaften sind eine wichtige Triebfeder einer dezentralen und demokratischen Energiewende und ein wichtiger Baustein einer bürgereigenen Energieversorgung der Zukunft. Die genossenschaftlichen Prinzipien der Selbsthilfe, Selbstverwaltung und Selbstverantwortung sind nach unserer Ansicht wichtige Leitlinien für einen Umbau der Gesellschaft hin zu mehr Gemeinschaft und sozialer Verantwortung."
Dr. Verena Ruppert, Vorstand Landesnetzwerk Bürgerenergiegenossenschaften Rheinland-Pfalz e. V. (LaNEG e. V.), Mainz

„Lieber investiere ich in ein Windrad oder in eine Solaranlage als in eine Lebensversicherung. Erneuerbare Energien gehören zum Grundstock einer soliden Altersversorgung."
Markus Stillger, Vermögensverwalter (und juwi-Partner der ersten Stunde), Limburg

„Genossenschaften sind die Basis der Energiewende, denn an Genossenschaften können sich alle beteiligen. Gerade wenn man eigentlich nicht so viel Geld hat, kann man sich prima an einer Genossenschaft beteiligen. Bei uns ist das schon ab einer Einlage von 500 Euro möglich. Nach oben ist der Beitrag dagegen begrenzt, denn wir möchten keine großen Investoren, die dann eine Führungsrolle übernehmen. Die Energiewende müsste eigentlich dezentral und im Kleinen umgesetzt werden, denn das ist ihre Natur. Mit erneuerbaren Energien kann der Strom nämlich dort produziert werden, wo er verbraucht wird. Stattdessen setzt die Regierung auf großindustrielle Ansätze und fördert zentrale Strukturen. Das EEG ist sehr wichtig für den Ausbau der erneuerbaren Energien. Die Bundesregierung müsste allerdings ein stringentes Konzept entwickeln, wie man das EEG weiterführen kann, bisher vermisse ich so ein Konzept, zum Beispiel beim Netzausbau."
Joachim Thees, Vorstand der BürgerEnergie Tauberfranken

„Die von der derzeitigen Bundesregierung geplante Strompreis-bremse gibt vor, die Stromkunden zu entlasten. Tatsächlich ist sie ein Anschlag auf die Energiewende. Sie untergräbt die Glaubwür-digkeit der Politik, die Planungssicherheit von Unternehmen und Kommunen und lässt Natur und Umwelt buchstäblich im sauren Regen stehen."

Dietmar Tuldi (SPD), Bürgermeister der Gemeinde Ellern im Hunsrück